Pierre Teilhard de Chardin

Briefe an Frauen

Pierre Teilhard de Chardin

Briefe an Frauen

Ausgewählt und erläutert
von Günther Schiwy

Herder
Freiburg · Basel · Wien

Reihe *frauenforum*
herausgegeben von Karin Walter

Alle Rechte vorbehalten – Printed in Germany
Verlag Herder Freiburg im Breisgau 1988
Herstellung: Freiburger Graphische Betriebe 1988
ISBN 3-451-20933-0

Inhalt

Hinweis
Die Anmerkungsziffern *in den Briefen* beziehen sich auf die Erläuterungen, die unmittelbar nach dem betreffenden Brief stehen. Die Anmerkungsziffern im übrigen Text, auch in den Einführungen und Erläuterungen zu den einzelnen Briefen, beziehen sich auf den Anmerkungsteil am Ende des Buches.

*Nichts
hat sich in mir entwickelt,
es sei denn
unter dem Blick
und dem Einfluß
einer Frau.*

Pierre Teilhard de Chardin
„Das Herz der Materie", 1950

Teilhard und das Ewig-Weibliche

Einleitung

Pierre Teilhard de Chardin, geboren 1881 im französischen Zentralmassiv in der Nähe von Clermont-Ferrand, gestorben 1955 in New-York, ist eine der faszinierendsten Gestalten unseres Jahrhunderts.

Als christlicher Theologe und zugleich leidenschaftlicher Naturwissenschaftler ist er davon überzeugt: Der biblische Schöpfungsglaube und die naturwissenschaftliche Entwicklungsgeschichte des Kosmos müssen sich nicht widersprechen, wenn sich beide Betrachtungsweisen ihrer Reichweite und eigenen Gesetzlichkeiten bewußt sind und diese respektieren.

Aufgewachsen im traditionellen katholischen Milieu des 19. Jahrhunderts, erfährt er als Soldat und Forscher der Geologie und Paläontologie die Erschütterungen des modernen Menschen und unternimmt den grandiosen Versuch, die traditionellen Glaubensformeln für unsere Zeit und eine noch größere Zukunft neu zu formulieren.

Wegen seiner Überzeugungen auf Betreiben der römischen Kirche die meiste Zeit seines Lebens in China und Amerika im Exil und mit einem Veröffentlichungsverbot belegt, schreibt er trotzdem Tausende von Seiten, die nach seinem Tode von Jeanne Mortier (siehe S. 135) mit Hilfe von Freunden veröffentlicht werden und in kürzester Zeit die Welt erobern.[1]

Mit Erstaunen vernehmen wir die Stimme eines Rufers in der Wüste, für den die Menschheit trotz der ungeheuren Gefahren, mit denen wir uns selbst bedrohen, nicht nur eine Chance des Überlebens, sondern sogar der Höherentwicklung hat, wenn wir die eigentliche Energie, auf die es ankommt, in uns freisetzen: die Liebe. [2]

Gott: „Mutter unser"

Dabei ist es Teilhards Grundüberzeugung: Was die Welt im Innersten zusammenhält, ist das Ewig-Weibliche. In ihm offenbart sich Gottes Schöpferkraft, die Liebe, am deutlichsten. Wir haben nur dann eine Zukunft, wenn wir dem Ewig-Weiblichen mehr als bisher in uns und unter uns eine Chance geben.

Damit hat Teilhard vorweggenommen, wofür uns heute, ein halbes Jahrhundert später, erst langsam die Augen aufgehen: daß die christlich geprägte abendländische Kultur und ihre Ausstrahlung auf die ganze Welt vermutlich einen anderen, weniger kriegerischen und menschenfeindlichen, einen weniger auf Beherrschung und Ausbeutung der Umwelt gerichteten Charakter angenommen hätten, wäre die Botschaft Christi von der Güte, Milde und alles hegenden Liebe Gottes nicht im mißverständlichen „Vater unser", sondern im ungewöhnlichen, aber treffenderen „Mutter unser, die du bist im Himmel" gepredigt worden.

Nicht als wäre Gott statt männlich nun weiblich vorzustellen: Er ist weder das eine noch das andere, sondern der „ganz Andere". Nicht als solle nun an die Stelle der patriarchalischen Herrschaft das Matriarchat treten und die Männer unterdrückt werden! Es geht vielmehr darum, dem Ewig-Weiblichen, der göttlichen Liebe, in Frau *und* Mann endlich Raum zu geben.

Das Ewig-Weibliche

Mit dieser Überzeugung, die Teilhard wie alle seine bahnbrechenden Erkenntnisse nicht am Schreibtisch ersonnen, sondern durch die Erfahrungen seines Lebens gewonnen hat, gehört er zu den ersten Verfechtern eines christlichen Feminismus. Ihn lernt er durch eine seiner Freundinnen, Léontine Zanta, in den zwanziger Jahren kennen (siehe S. 64). Wie wenig Teilhard dabei nur vordergründigen Emanzipationsbestrebungen huldigte, ohne diese freilich geringzuschätzen, wird deutlich, wenn man seine umfassende Sicht des Ewig-Weiblichen auf sich wirken läßt. Siebenunddreißigjährig hat er sie 1918, als Bahrenträger an der Front des Ersten Weltkrieges in der Gegend von Reims, niedergeschrieben. In diesem Text, der Hymne „Das Ewig-Weibliche", läßt Teilhard das Ewig-Weibliche sich selbst vorstellen:

„Alles im Universum ist Werk der Vereinigung und Befruchtung – geschieht durch Sammlung der Elemente, die sich suchen und zu zweit miteinander verschmelzen und so wiedergeboren werden in einem Dritten.

Gott hat mich inmitten der Vielfalt des Anfangs als eine Kraft verdichtender Sammlung ausbreiten lassen.

Ich bin das verbindende Antlitz alles Seienden – ich bin der Wohlgeruch, der sie in Freiheit und Leidenschaft auf den Weg zu ihrer Vereinigung lockt und an sich zieht.

Durch mich gerät alles in Bewegung und in Beziehung.

Ich bin die der Welt eingegossene Anmut, auf daß sie zusammenfinde – das über ihr schwebende Ideal, auf daß sie emporsteige.

Ich bin das wesenhaft Weibliche."[3]

Mutter und Schwestern

Eingeübt in das Ewig-Weibliche wurde Teilhard durch seine
Mutter (siehe S. 31). „Ein Funke mußte auf mich fallen,
um das Feuer zu entzünden … Dieser Funke kam zweifellos
durch meine Mutter", schreibt Teilhard 1950 in seiner autobiographischen Skizze „Das Herz der Materie"[4]. Verstärkt wurde dieser Einfluß durch seine beiden Schwestern
Françoise und Marguerite-Marie: Françoise geht 1909 als
„Kleine Schwester der Armen" in die Altenpflege nach
Shanghai und stirbt dort 1911 an den Schwarzen Pocken;
Marguerite-Marie ist von 1902 bis zu ihrem Tod 1936
durch die Pottsche Krankheit gelähmt und bettlägerig.

In seiner Mutter und seinen Schwestern hat sich für Teilhard das Ewig-Weibliche offenbart als die Kraft, die Heilige
schafft, sagt es doch selbst in der schon erwähnten
„Hymne":

„Für den Heiligen bin ich mehr als für irgendeinen anderen der
mütterliche Schatten, der sich über die Wiege beugt – bin ich die
strahlende Gestalt, welche die Träume der Jugend annimmt, und
die tiefe Sehnsucht, die das Herz wie eine unumstrittene und
fremdartige Macht durchdringt – bin ich die Spur der Achse des
Lebens im Einzelnen."[5]

So ergriffen vom Ewig-Weiblichen, macht sich der sieb-
zehnjährige Pierre nach dem Abitur 1899 auf nach Aix-en-
Provence, um Jesuit zu werden. Doch die anderen Wirklich-
keiten, die das Ewig-Weibliche auch noch ist, begleiten ihn
sein Leben lang …

Mutter Natur

Teilhard wurde am 1. Mai 1881 auf dem Landsitz Sarcenat
bei Clermont-Ferrand in der vulkanischen Auvergne gebo-

Pierres Schwester Françoise, um 1910

*Pierres Schwester Marguerite,
um 1900*

*Pierre und seine Geschwister um 1891.
Von links erste Reihe: Pierre, Françoise, Joseph, Gabriel;
zweite Reihe: Oliver, Albéric, Marguerite-Marie*

Die Vulkankette der Monts Dômes, überragt vom Puy de Dôme, 1465 m

ren, inmitten von Gärten, Wiesen und Wäldern mit uralten Buchen und Eichen, in einer Plateaulandschaft vor der Kette der Monts Dômes, die aus sechzig erloschenen Vulkankegeln besteht, deren höchster der Puy de Dôme ist.

„Die Auvergne ist mein erstes naturgeschichtliches Museum und mein Naturschutzgebiet. In Sarcenat habe ich die Freuden des Entdeckens gekostet ... Ich glaube, die Auvergne hat mir die Freude an der Natur vermittelt. Sie hat mir meine kostbarsten Schätze geschenkt: eine Sammlung von Kieseln und Steinen."[6]

Es ist der Vater Emmanuel, Landedelmann, Historiker und Naturwissenschaftler, der seinen Sohn Pierre anleitet, naturwissenschaftliche Sammlungen anzulegen.

Doch die Natur ist für Teilhard mehr als ein naturwis-

senschaftliches Museum. Durchwandert man die sanften Hänge und Mulden der Monts Dômes, die von Ginster, Heidekraut und Farnen bewachsen sind und auf denen Schafherden weiden, und erblickt man die gleichmäßig gewölbten, oft mit einem wulstigen Kraterrand gekrönten Erhebungen der Vulkane aus der Ferne, oder steigt man in ihre weiten, geschwungenen Öffnungen hinab, dann kann man sich der weiblichen Anziehungskraft dieser Landschaft nicht entziehen.

„Was mich während eines ganzen Lebens unwiderstehlich – auch auf Kosten der Paläontologie – zum Studium der großen eruptiven Landmassen und der kontinentalen Sockel führte, war in Wirklichkeit nichts anderes als ein unstillbares Bedürfnis, den Kontakt (einen Kontakt der Vereinigung) aufrechtzuerhalten mit einer Art universeller Wurzel oder Gebärmutter der Seienden ..."[7]

Teilhard hat das Ewig-Weibliche in der Natur erspürt, sie ist für ihn die Terra mater, die Mutter Erde, der kosmische Mutterschoß. In seiner „Hymne" sagt deshalb das Ewig-Weibliche:

„Betrachtet das unermeßliche Erschauern, das von Horizont zu Horizont Städte und Wälder ergreift.
Seht euch das Leben mit seinen Höhen und Tiefen an, wie die Menschen hin und her wogen und die Welt in Gärung bringen – nehmt wahr den Gesang der Vögel und ihren Schmuck, das lustige Summen der Insekten, die unermüdliche Entfaltung der Blumen, das unwiderstehliche Schaffen der Zellen – die endlose Arbeit des Keimens ...
Ich bin der einzigartige Strahl, durch den all dies ausgelöst wird und in dessen Innerstem all das zum Schwingen kommt. Der Mensch, die Synthese der Natur, tut viele Dinge mit dem Feuer, das in seinem Herzen brennt. Er häuft die Macht an, verfolgt den Ruhm, er schafft die Schönheit, er gibt sich der Wissenschaft hin. Und oft gibt er sich keine Rechenschaft darüber, daß ihn unter so vielen verschiedenen Gestalten immer die gleiche geläuterte, verwandelte, indes lebendige Leidenschaft beseelt – die Anziehungskraft des Weiblichen."[8]

Die Versuchung der Materie

Das Ewig-Weibliche, die Natur als der Mutterschoß, aus dessen Geborgenheit wir kommen und in den wir im Tod zurückkehren, kann uns zu Lebzeiten auch zur Versuchung werden: immer dann, wenn uns die Loslösung von der Mutter, das Erwachsenwerden, die Übernahme von Verantwortung zu viel, zu mühsam und zu gefährlich werden und wir am liebsten wieder Kind sein möchten, mehr noch, uns verlieren möchten in der Natur, im Ewig-Weiblichen, im mütterlichen „Gott".

Teilhard scheint diese Versuchung erstmals deutlich in Ägypten erfahren zu haben, wo er von 1905 bis 1908 Physiklehrer am Jesuitenkolleg in Kairo war. 1916 erinnert er sich in der Schrift „Das kosmische Leben":

„Eines Tages, angesichts der trostlos ausgestreckten Wüste, deren Ebenen ihre violetten Stufen unabsehbar gegen wild exotische Horizonte aufrückten; vor dem unauslotbaren und leeren Meer, dessen Fluten sich rastlos in ihrem unzähligen Lächeln kräuselten; dicht umschlungen von einem Wald, dessen von Leben getränkter Schatten mich in seinen tiefen, warmen Falten auslöschen zu wollen schien, da vielleicht hat mich ein großes Verlangen ergriffen, fern den Menschen, fern der Mühsal, die Region des Grenzenlosen aufzusuchen, das einen wiegt und überschwemmt, wo sich meine geballte Tätigkeit entspannen würde, immer gelöster, immer weiter ... Da hat sich mein ganzes Empfindungsvermögen aufgerichtet, so als nahe sich ein Gott des unbeschwerten Glückes und des Rausches, denn die Materie war's, die mich rief. Wie allen Menschenkindern, so nun mir, wiederholte sie das Wort, das jede Generation vernimmt: sie redete mir zu, daß ich, rückhaltlos ihr hingegeben, sie anbete.

Und warum sollte ich sie, die Ständige, die Große, die Reiche, die Mutter, die Göttliche, denn nicht anbeten? ... Ist sie nicht ganz und gar fruchtbare Erzeugerin, die *Terra mater* [Mutter Erde], die in sich die Saaten alles Lebens und die Nahrung aller Freude trägt? Ist sie nicht in eins der gemeinsame Ursprung aller Wesen und, einziger Schluß, den wir uns träumen könnten, die urgründige und unzerstörbare Wesenheit, der alles entströmt und in die alles zurückkehrt, sie der Ausgangspunkt alles Wachstums und die Grenze aller Zerstückelung? ...

So von der Stimme eingewiegt, die mehr als einen Weisen verzaubert hat, sprachen mein betörtes Herz und die Vernunft, die es mit ihm hielt. Es war die heidnische Stunde, da aus den unteren Regionen des Universums der Sirenengesang steigt ..."[9]

*Die Cousine Marguerite Teillard-Chambon (Claude Aragonnès)
in den dreißiger Jahren*

Die liebende Frau

Daß Teilhard der Versuchung, sich im Rausch der Sinne
oder in passiver Versenkung in die Natur zu verlieren, wi-
derstanden hat, verdankt er zunächst seiner Cousine Marguerite Teillard-Chambon. Ihr begegnet er in Paris im Jahre
1912 während seiner naturwissenschaftlichen Studien; ihr
bleibt er bis zu seinem Tode 1955 freundschaftlich verbunden (siehe S. 35). In ihr offenbart sich ihm erstmals das
Ewig-Weibliche auf einer höheren Entwicklungsstufe, wie
es sich selbst in Teilhards „Hymne" beschreibt:

„Während mein trügerisches Bild fortfährt, den begehrlichen
Menschen auf die Materie hin zu faszinieren, ist meine Realität er-
höht worden und zieht alles an sich; sie schwebt zwischen dem
Christen und Gott.

Ich verführe immer, aber zum Lichte hin. Ich reiße mit fort,
aber in die Freiheit hinein.

20

Ich bin von nun an die Jungfräulichkeit.

Die Jungfrau ist [auch] noch Frau und Mutter; das ist das Zeichen der neuen Zeiten ...

Die Stimme Christi ist nicht das Signal für einen Bruch, für eine Emanzipation: als ob die Auserwählten Gottes, indem sie das Gesetz des Fleisches verwerfen, die Bande zerreißen könnten, die sie mit den Bestimmungen ihres Geschlechts verknüpften, und so dem kosmischen Lauf entfliehen könnten, in dem sie geboren worden sind.

Wer den Ruf Jesu hört, braucht nicht die Liebe aus seinem Herzen zu verwerfen. Er muß vielmehr von Grund auf menschlich bleiben.

So braucht er wiederum mich, um seine Kräfte empfänglich zu machen und seine Seele für die Leidenschaft zum Göttlichen zu wecken."[10]

Wie seiner Cousine Marguerite begegnet Teilhard im Laufe seines Lebens noch anderen Frauen, die ihm helfen, „menschlich zu bleiben", sich nicht in der naturwissenschaftlichen Forschung zu verlieren und weder den einzelnen Menschen noch die Zukunft der ganzen Menschheit aus den Augen zu verlieren. Sie helfen ihm auch, dem Ordensmann und Priester, die Routine des kirchlichen Dienstes zu vermeiden und die „Leidenschaft zum Göttlichen" in sich wachzuhalten.

Dabei spielt es weniger eine Rolle, daß die Frauen selbst gläubige Christen sind wie Léontine Zanta (siehe S. 64) oder Jeanne Mortier (siehe S. 135), sie können auch Marxistin sein wie Ida Treat (siehe S. 91) oder Nichtchristin wie Rhoda de Terra (siehe S. 118). Sie können für Teilhard auch zur Versuchung werden, wie es zeitweise bei Lucile Swan (siehe S. 22) der Fall gewesen sein mag.

Worauf es ankommt, ist, daß es Frauen waren, die sich gemeinsam mit Teilhard auf den Weg gemacht haben „in die Freiheit hinein", Gott entgegen, und die ihm geistig Frau und Mutter gewesen sind.

Zum Tee bei Lucile Swan

Lucile Swan zum Gedächtnis

Da uns bisher keine Briefe Teilhards an Lucile Swan vorliegen, sei ihrer in dieser Einleitung ausführlicher gedacht. Teilhard lernt sie, eine amerikanische Bildhauerin, 1929 während seines Exils in China, in dem ihm äußere und innere Krisen nicht erspart bleiben, kennen. Sie hat eine Ehe hinter sich und ist vor den unliebsamen Erinnerungen um die Welt geflohen. In Peking trifft sie Teilhard, der ihrem Leben wieder einen Sinn gibt:

„Obgleich ich niemals zu irgendeiner Kirche zurückkehrte, begann ich nach einigen Wochen, in denen ich ihn täglich sah, ein Vertrauen zu fühlen darauf, was er ‚den Primat des Geistigen' nannte ... Ich war fast vierzig, aber zum erstenmal seit Jahren fühlte ich mich wieder jung und wieder voll Hoffnung. Ich entschloß mich, meinen Aufenthalt in China zu verlängern."[11]

22

Mit Lucile Swan lernt Teilhard alle Höhen und Tiefen, alle Chancen und Gefahren einer Freundschaft kennen, die die Grenzen zu respektieren hat, die ihm sein Keuschheitsgelübde und die Zölibatsverpflichtung gesteckt haben.

Die geistige Fruchtbarkeit

Jahrelang denkt Teilhard über seine Erfahrung nach und schreibt dann Februar 1934 über die „Evolution der Keuschheit" einen großartigen und kühnen Text voll neuer Erkenntnisse, aber auch voller Zweifel und Dunkelheiten: [12]

„Die Frau für die Fortpflanzung der Rasse – oder überhaupt keine Frau: das ist das von den Moralisten aufgestellte Dilemma. Gegen diese Vereinfachung erheben sich jedoch unsere teuersten und sichersten Erfahrungen. So fundamental sie auch ist, die Mutterschaft der Frau ist fast nichts im Vergleich zu ihrer geistigen Fruchtbarkeit. Die Frau bringt zur Entfaltung, sensibilisiert, offenbart an sich selbst den, der sie als Geliebte haben wird. Diese Wahrheit ist so alt wie der Mensch. Aber damit sie ihren vollen Wert erhielt, mußte die Welt den Grad an psychologischem Bewußtsein und sozialer Evolution erreichen, wo in einer weithin ausgebreiteten und wirtschaftlich gesicherten Menschheit die Fragen der Ernährung und der Fortpflanzung anfangen, von den Problemen der Erhaltung und der Entwicklung der geistigen Energien beherrscht zu werden."

Mit anderen Worten: Für Teilhard hat die Menschheit einen Entwicklungsgrad erreicht, auf dem die Kräfte des Herzens und des Geistes, Liebe und Inspiration, wichtiger sind für die Weiterentwicklung der Menschheit als die Kräfte des Leibes und seine Fruchtbarkeit. Doch wie die leibliche Fortpflanzung bedarf auch die geistige Höherentwicklung der Zweisamkeit:

„Nicht auf menschlichen ‚Monaden', sondern auf ‚Dyaden' be-
ruht die Geistigkeit." „Nicht isoliert (verheiratet oder nicht verheiratet), sondern als vereinigte Paare sollen die zwei, die
männlichen und weiblichen Teile der Natur, zu Gott aufsteigen."

Aus dieser Grundauffassung ergibt sich für Teilhard eine
auf den ersten Blick einfache moralische Regel für die Beur-
teilung des Umgangs zwischen den Geschlechtern:

„Es gibt also keine heiligen oder profanen, reinen oder unreinen
Dinge. Es gibt nur einen guten Sinn und einen schlechten Sinn:
Der Sinn des Aufstiegs, der zunehmenden Vereinigung, der größeren geistigen Anstrengung; und der Sinn des Abstiegs, des ein-
engenden Egoismus, der materialisierenden Lust."

Sonne und Sterne

Sicherlich hat Teilhard in seinen eigenen Freundschaften
und in den ihm bekannten Familien die Gefahr der Ein-
engung auf einen Egoismus zu zweit immer wieder erlebt,
eine Gefahr, die nicht selten die überströmende Liebe und
Begeisterung, die der ganzen Welt zugute kommen sollten,
behindert und sogar erstickt. Gegen eine solche Gefahr
kann manchmal der Kontakt mit anderen Männern und
Frauen schützen, denn
„daß unser Herz sich notwendig für einen mindert, indem es sich
(in einer anderen Beziehung oder auf eine abgestufte Weise) an einen anderen wendet, das zuzugeben habe ich Mühe. Ich kann
zwei Blumen finden – und von der einen werden meine Augen
sensibler für die Wertschätzung der anderen. Der Gebrauch ver-
mehrt die Kraft. Wahr ist, daß im besonderen Fall der Liebe der
Ehemann für seine Frau die privilegierte Stellung reservieren und
stärken muß, die aus ihr in irgendeiner Weise die Sonne seines inneren Universums macht. Und in diesem Punkt hat die Eifersucht
einen Sinn: es kann nur eine Sonne am Himmel unseres Herzens
geben. Aber untergeordnete Sterne, warum nicht!"

Das gilt nach Teilhard erst recht für das Verhältnis von
Gottes- und Menschenliebe, auch für den ihn betreffenden
Fall der Liebe eines Priesters und Ordensmanns zu einer
Frau.

„Gott ist nicht Person in derselben Ordnung wie wir. Er ist eine
‚Über-Person‘, ein ‚Über-Zentrum‘ – das heißt jemand von größerer Tiefe als wir. Das will sagen, die Tatsache, daß ein Mann sein
Herz auf eine Frau zentriert, bedeutet nicht *notwendig*, daß dieser
Mann sich in seiner Beziehung zum Göttlichen gefühlsmäßig
‚neutralisiert‘ findet. Durch den weiblichen Stern *hindurch* kann
die göttliche Sonne (*weil* viel stärker) noch wahrgenommen werden. Sie kann scheinen, und selbst mit einem lebendigeren Ausbruch, auf der gleichen Linie und darüber. Selbst gesättigt durch
Beziehungen zu anderen menschlichen Personen, kann sich das
liebende Paar noch frei und sogar durch seine Zweiheit begeistert
der höheren Anziehung Gottes zur Verfügung stellen. Es gibt eine
Art zu lieben, die nicht unter den Tadel fällt, den der Apostel [Pau-
lus] über das ‚Geteiltsein‘ [1 Kor 7, 33] ausgesprochen hat.“

Vergeistigte Leiblichkeit

Teilhard weicht auch der Frage nicht aus, wieweit eine Vereinigung, die der geistigen Fruchtbarkeit dient und als ge-
meinsamer Aufstieg zu Gott gedacht ist, dennoch nicht
auch der leiblichen Nähe und Vertrautheit, der Zärtlichkeit
und körperlichen Liebe bedarf.

„Wieviel Körper ist nötig für ein Optimum an Geist? … Wenn die
Keuschheit ein Geist ist, der sich ernährt, warum sie auf rigorose-
ste Weise ihrer Nahrungsmittel berauben? Ist das Geschenk des
Körpers nicht die vollständige und natürliche Form, unter der sich
die natürliche Macht der Materie darbietet, um sublimiert zu werden? Erwartet der Geist nicht wie ein Funke den Schock dieser Begegnung, um zu sprühen? Diese Wellen, diese Energien, die die
physische Liebe befreit, gibt es das nicht vor allem deshalb, weil es
sich darum handelt, zu provozieren, zu erobern, zu transformie-
ren?“

In diesen Sätzen spiegelt sich Teilhards Auffassung vom Verhältnis Materie und Geist, Leib und Seele, wie er es als Naturwissenschaftler, Philosoph und Theologe erkannt und immer wieder formuliert hat. Materie und Geist auf der einen Seite, Leib und Seele auf der anderen sind keine Elemente, die unabhängig voneinander existieren, nicht einmal getrennt voneinander gedacht werden dürfen. Sie sind ein und derselbe Weltstoff, der sich aus der materiellen Vielheit und Unbewußtheit im Laufe der Schöpfungsgeschichte hinaufarbeitet zu immer größerer Einheit, zu Bewußtsein und Fähigkeit von Hingabe und Liebe. In dieser „Arbeit" besteht geradezu die „Erlösung" der Materie. So wahr es ist und gerade von Teilhard als Grundgesetz der Entwicklungsgeschichte erkannt wurde: daß die Entwicklung der Materie in ihrer Vergeistigung besteht – ebenso wahr bleibt, daß auch die vergeistigste Liebe nicht nur weiter materieller und leiblicher Ausdrucksmöglichkeiten bedarf, sondern selber im Kern Materie bleibt, gleichsam „auferstandene", „verklärte" Materie ist. Die Größe und Reinheit der Liebe mißt sich demnach daran, wieviel Materie sie zu vergeistigen vermag, wieviel Leiblichkeit sie integriert als Ausdruck geistiger Hingabe.

Evolution der Keuschheit

Doch steht diese Auffassung nicht im Widerspruch zur kirchlichen Lehre und zur Praxis, die Teilhard selbst als Ordensmann und Priester gelebt hat? Teilhard gibt zu, daß ihn diese Fragen in Verlegenheit bringen. „Meinem eigenen Urteil überlassen, sehe ich nicht klar, ‚was nicht erlaubt ist'."

Das Argument der traditionellen Lehre, körperliche Liebe außerhalb der Ehe verletze die „natürliche Ordnung", erscheint Teilhard als „theologische Biologie" und setzt voraus, die „natürliche Ordnung" sei ein für allemal gegeben, während sie doch in Wirklichkeit eine lebendige Größe in Enwicklung sei, die dauernd ihr Gleichgewicht sucht.

„Je mehr ich nachdenke, um so weniger gelange ich dahin, die Idee der Heldin eines russischen Romans absurd zu finden, daß ‚wir schließlich eine andere Art zu lieben finden werden'. – Die geistige Fruchtbarkeit mehr und mehr an die Stelle der materiellen Fruchtbarkeit setzen – und schließlich *durch sie allein* die Vereinigung rechtfertigen. Vereinigung für das Kind. Aber auch Vereinigung für das Werk, Vereinigung für die Idee? Warum nicht? … Dieser geistige Gebrauch des Fleisches, ist es im Grunde nicht der, den, ohne die Moralisten zu fragen, viele wahrhaft schöpferische Genies instinktiv entdeckt und angewandt haben? Ist aus diesen sogenannten unreinen Quellen nicht ein Leben geschöpft worden, von dem sich sogar in diesem Augenblick die Konservativsten unter uns nähren?"

Zwei Wege

Trotzdem versucht Teilhard für sich selbst, für die mit ihm verbundenen Frauen und für die große Schar derer, die eine große Liebe leben und mit Rücksicht auf die traditionelle Moral auf die körperliche Vereinigung verzichten, diese Lebensweise ebenso einsichtig zu machen und zu verteidigen. Dazu greift er wieder auf seine Auffassung von der Materie und von der Entwicklungsgeschichte zurück. Sie zielt auf eine „universelle Konvergenz", eine alles umfassende Vereinigung, „in deren Schoß die materielle Vielheit sich in Geist aufhebt". Zeigt nun nicht die Erfahrung, daß die körperliche Liebe leicht in einen „Kurzschluß" umschlägt, der gerade den Teil der Seele, der zur höheren Vereinigung mit dem geliebten Partner drängt, zu kurz kommen läßt, alle Energien absorbiert und zur Trägheit des Geistes führt? Ist es nicht vernünftig, wegen dieser Gefahr auf die körperliche Liebe zu verzichten? Eine andere Motivation setzt tiefer an: Wenn man erkannt hat, daß die Entwicklung des Menschen auf Vergeistigung zielt, warum diese nicht schon vorwegnehmen und zur Avantgarde gehören wollen: „nicht den unmittelbaren Kontakt, sondern die Konvergenz in der Höhe" suchen?

Körperliche Vereinigung im Namen des Geistes erscheint Teilhard ebenso dem Gesetz der Liebe zu entsprechen wie geistige Vereinigung mit Verzicht auf die körperliche:

„Zwei Lösungen. Zwei Wege. Welcher ist der Gute? – In diesem Punkt gibt es gegensätzliche und sich widersprechende individuelle Zeugnisse ... Durch Geburt, kann ich sagen, finde ich mich auf dem zweiten engagiert. Ich bin ihm gefolgt so weit wie möglich. Selbstverständlich habe ich dort schwierige Stellen gefunden. Doch ich habe mich dort niemals gemindert oder verloren gefühlt."

Der Traum eines Verrückten?

Teilhard weiß, daß seine Überlegungen auf Widerspruch stoßen werden, vor allem der erste der beiden Wege, auf dem auch die körperliche Vereinigung im Namen des Geistes als Ausdruck der Liebe und als Aufstieg zu Gott gesehen wird. Überhaupt wird man seine Auffassung von der Liebe, die auf gegenseitige geistige Fruchtbarkeit zielt, als Hirngespinst abtun mit dem Hinweis darauf, letztlich sei der eigentliche Zweck der Zweigeschlechtlichkeit des Menschen körperliche Lust und/oder Fruchtbarkeit und werde sich auch immer wieder durchsetzen. Demgegenüber hält Teilhard an seiner Vision, wie er sie in der „Evolution der Keuschheit" skizziert hat, fest. Teilhard schließt mit der Überzeugung, auch in diesem Punkt seiner Zeit voraus zu sein, ihr aber gerade deshalb diesen Ausblick und diese Hoffnung nicht vorenthalten zu dürfen:

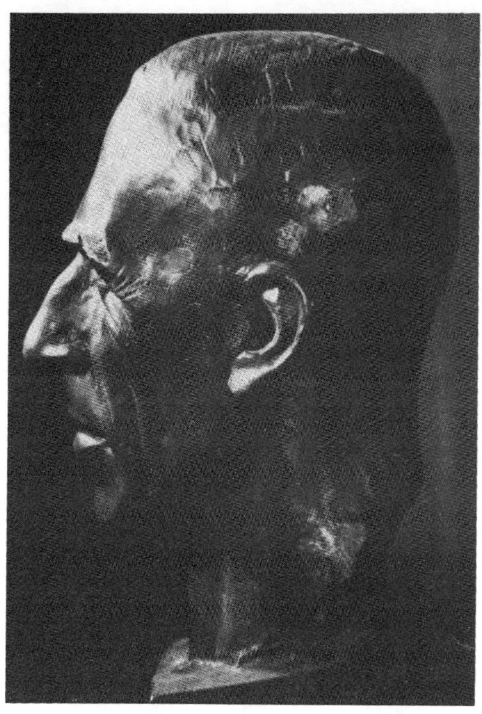

Büste von Lucile Swan

„Praktisch, ich verheimliche es mir nicht, erscheint die Schwierigkeit des Versuchs so groß, daß alles, was ich auf diesen Seiten geschrieben habe, von neun Zehnteln der Menschen als naiv oder verrückt beurteilt werden wird. Ist die Erfahrung nicht allgemein und schlüssig, daß die geistigen Lieben immer im Schmutz geendet haben? Der Mensch ist geschaffen, um auf der Erde zu gehen. Hat man jemals die Idee gehabt zu fliegen! ... Ja, antworte ich, Verrückte haben diesen Traum gehabt ... Sich der Leidenschaft bemächtigen, um sie dem Geist dienstbar zu machen, wäre mit biologischer Evidenz eine der Bedingungen des Fortschritts ... Eines Tages, nach dem Äther, den Winden, den Meeren, der Gravitation, werden wir für Gott auch die Energien der Liebe einfangen. – Und dann wird der Mensch zum zweitenmal in der Weltgeschichte das Feuer gefunden haben."

Sechzehn Jahre später, im Jahre 1950, kommt Teilhard in seiner biographischen Skizze „Das Herz der Materie" noch einmal programmatisch auf das Thema Frau zurück.[13] Er beschließt die Summe seiner Erfahrungen mit einer ergreifenden Huldigung an die Frau (siehe S. 162).

Die Mutter,
Berthe-Adèle de Dompierre
d'Hornoy, um 1875

Ausgewählte Briefe

An die Mutter

Pierres Mutter Berthe-Adèle, geborene de Dompierre d'Hornoy, wird 1853 als fünftes von sechs Kindern des Marineoffiziers Albéric und seiner Frau Julie Fiévet im Schloß de Fourdrinoy an der Somme (Picardie) geboren. Am 15. Mai 1875 heiratet sie in Clermont-Ferrand Emmanuel Teilhard de Chardin.

Sie hat mit ihm elf Kinder, deren Schicksale ihr Leben zu einer einzigen Leidenskette machen. Marielle stirbt als Kleinkind. 1899 reist Pierre ins Noviziat der Jesuiten nach Aix-en-Provence ab. 1902 stirbt Albéric als Schiffsoffizier an Tuberkulose. Im gleichen Jahr wird Marguerite-Marie, genannt Guiguite, durch die Pottsche Krankheit gelähmt und bettlägerig bis zu ihrem Tode 1936. 1903 verläßt Françoise das Elternhaus und tritt bei den „Kleinen Schwestern der Armen" in Paris ein. 1904 stirbt die dreizehnjährige Marie-Louise an Hirnhautentzündung. 1909 erliegt Françoise als Missionarin in Shanghai den Schwarzen Pocken. 1914, bald nach Kriegsausbruch, fällt Gonzague, gegen Kriegsende 1918 Olivier. Victor stirbt 1934 an den Folgen eines Lungenschadens, den er sich durch Giftgas im Krieg geholt hat. Am 11. Februar 1932 stirbt ihr Mann, sie selbst am 7. Februar 1936.

1 Frau der Sieben Schmerzen

Der folgende Brief[14] Teilhards aus Belgien, wo er zwischen seinem Theologiestudium (in Hastings, England, von 1909 bis 1912 mit der Priesterweihe 1911) und seinen naturwissenschaftlichen Studien (in Paris von 1912 bis zum Kriegsbeginn 1914) die Theologische Hochschule der vier französischen Jesuitenprovinzen in Enghien (Eggenhoven) besucht, sieht seine Mutter ganz in der Nachfolge der leidenden Gottesmutter Maria und des leidenden Christus und entwirft in wenigen Sätzen die Leidenstheologie des Ewig-Weiblichen, wie er sie wenige Jahre später, 1916, in seinem ersten großen Essay „Das kosmische Leben" beschrieben hat:

„Die Nachfolge Christi in der Welt, die erst mit gelöster Hingabebereitschaft angetreten, dann mit Eroberungsgeist ergriffen wird, geht also auf eine leidenschaftliche und schmerzliche Umarmung des Kreuzes zu. Allen großen Regungen der Natur hatte sich die Seele begeistert und aufrichtig angeboten und ausgeliefert. Am Ende ihrer Erfahrungen und der langen Ausreifung ihrer Einsichten gewahrt sie, daß keine Arbeit wirksamer und friedvoller ist als die, das Leid der Welt zu sammeln, um es zu trösten und Gott darzubieten; keine Haltung macht die Seele so weit wie das große und zärtliche Offenwerden – mit und in Christus – für das Mitempfinden mit allem Schmerz, für das kosmische Mitleiden."[15]

Daß Teilhard diese Erkenntnis den Frauen, zuerst seiner Mutter und seinen Schwestern Françoise und Guiguite verdankt, deutet sich auch in dem Vorwort an, das er 1950 der Biographie seiner 1936 verstorbenen, viele Jahre lang gelähmten Schwester Guiguite widmet[16]:

„Während ich im Dienst der positiven Kräfte des Universums Länder und Meere durcheilte, leidenschaftlich bemüht, alle Tönungen der Erde zu beobachten, hast Du,

bewegungslos auf Dein Lager hingestreckt, in der Tiefe Deines Wesens das schlimmste Dunkel der Welt in Licht umgewandelt. Sage mir, Marguerite, wer von uns beiden hat nun in den Augen des Schöpfers den besseren Teil erwählt?"

Enghien, am 22. September 1912

Haus St. Augustin
3, rue des Augustins
Enghien (Belgien)

Meine liebe Mama,
heute morgen, als ich die Messe von Unserer Lieben Frau der Sieben Schmerzen gelesen habe (Ein Fest, das nur in der Diözese Tournai heute gefeiert wird)[1], habe ich sehr wohl an Sie und an alle Ihre Sorgen und Kümmernisse gedacht. Ich habe die Heilige Jungfrau gebeten, Ihnen zu helfen, sie ganz Gott aufzuopfern; doch ich möchte Ihnen auch sagen, daß ich, als ich sah, wie Unsere Liebe Frau zu leiden hatte, es nicht mehr gewagt habe, allzusehr darauf zu dringen, Unser Herr möge sogleich alle Ihre Leiden beseitigen. Meine arme kleine Mama, in gewissen Augenblicken müssen Sie das Leben wahrhaftig sehr hart finden … Es sollte Sie dann der Gedanke stärken, daß eine wirkliche angenommene Prüfung zu den wertvollsten und beständigsten der glücklichen Resultate zählt. Denn durch sie, nicht wahr, wissen wir, daß wir dem Werk Unseres Herrn verbunden und mit Unserem Herrn selbst vereinigt sind. Glauben wir daran, und trösten wir uns mit dem Gedanken, daß entgegen ihrem Anschein die schweren Augenblicke die sind, in denen wir am meisten und am besten lebendig sind. Schließlich werden sie vorübergehen. Ich habe es Ihnen im August gesagt: Diese zehn letzten Jahre mit all ihren traurigen Stunden haben ebenso gut geendet, als wenn sie sehr

glücklich gewesen wären; doch bleibt von ihnen viel mehr
für den Himmel, und sie sollten unendlich nützlicher gewesen sein für alle Seelen, die wir lieben oder die wir nicht
kennen. – Ich bitte Unseren Herrn sehr, daß er Ihnen helfe
und Sie tröste, Sie und Papa, für den ich dieses alles natürlich auch sage. – Eines Tages werden Sie sehen, daß es auch
gut war, daß Guiguite gelähmt gewesen ist und daß es geschehen ist, daß Albéric, Françoise, Louise und Marielle Ihnen genommen worden. Das ist hart: aber Gott weiß es. –

Adieu, meine liebe kleine Mama, ich umarme Sie, ebenso
Papa und die Jungen. Meine Messe am Freitag wird für Sie
alle sein.

Pierre

¹ Das Fest wird sonst am 15. September gefeiert.

An Marguerite Teillard-Chambon

Pierres Cousine Marguerite Teillard-Chambon wurde am
13. Dezember 1880 in Clermont-Ferrand geboren, sie war
also ein halbes Jahr älter als er. Die Kinder spielten oft miteinander, weil die Familie Teilhard de Chardin in den Win-
termonaten ihren Landsitz Sarcenat verließ und das
Stadthaus am Place de Michel-de-l'Hôpital in Clermont-Ferrand bezog und dann mit der Familie Cirice Teillard-Chambon verkehrte, die das Hôtel Fontfreyde in der Rue
Jules-Guesde bewohnte.

Marguerite erinnerte sich an Pierre:

„einen kleinen Jungen – er mochte vier oder fünf Jahre alt sein –
auf einem Kostümball für Kinder, den meine Eltern in unserem
Haus in Clermont gaben, einem alten Hôtel des 17. Jahrhunderts
… Diese alten Hôtels mit ihren höhlenartigen Eingängen, ihren
weiten, feuchten und kalten Treppenhäusern, ihren hohen, dunklen Räumen umgaben unsere Kindheit mit Strenge. Aber nichts
vermochte unsere Spiele zu beeinträchtigen, die lärmenden bei
den ‚schrecklichen Jungen' Albéric, Pierre, Gabriel, Joseph; die
braveren bei den Mädchen Françoise, Bernadette, zwei Marias,
zwei Marguerites … Man traf sich nach der Vesper in der Kirche
des Carmes … Hin und wieder glaubte man, sie das Zimmer stür-
men zu sehen: lautes Türenklopfen, ein Kriegsgeschrei, das ich
niemals identifizieren konnte, machte uns zittern. Es hatte etwas
Geheimnisvolles an sich. Wenn ihre Bande manchmal Erfolg
hatte und eine von uns durch Überraschung erwischte, bedeutete
das Ziehen an den Zöpfen und Tränen. Ein gutes Vesperbrot mit
Konfitüre und Orangen schien die Truppe wieder zur Vernunft zu
bringen."[17]

Während der Schulzeit verlieren sich die Kinder aus den
Augen. Während Pierre in dem Jesuitenkolleg von Mongré
bei Villefranche-sur-Saône nahe Lyon, zweihundert Kilometer östlich von Clermont, seine Gymnasialjahre verbringt, besucht Marguerite zunächst eine private Mädchen-

schule der Schwestern zum „Guten Hirten" in Clermont. Da deren Schulabschluß nicht zum Studium berechtigt, wechselt sie auf das staatliche Mädchengymnasium und bereitet sich nach dem Abitur durch schriftliche Kurse auf das Lehrerdiplom für öffentliche Schulen vor. Während Pierre die Jesuitenausbildung durchläuft – 1899–1902 das Noviziat in Aix-en-Provence und das Juniorat in Laval und auf Jersey und 1902–1905 die Philosophie ebenfalls auf der letztgenannten Kanalinsel –, studiert Marguerite Literaturwissenschaft und Philosophie an der Sorbonne in Paris. 1904 legt sie dort die Staatsprüfung ab und übernimmt vierundzwanzigjährig die Aufgabe der Institutsleiterin des Pensionats der Sionschwestern in der Rue Notre-Dame des Champs von Paris. Die Schwestern selbst können wegen des Gesetzes der Trennung von Staat und Kirche weder Leitung noch Unterricht ausüben und sind auf Laien als Mitarbeiter, auch in leitender Funktion, angewiesen.

Als auch Pierre 1912 nach Paris kommt, um dort am Naturhistorischen Museum Geologie und Paläontologie zu studieren, hat er vier Jahre, von 1905–1908, Schulpraktikum als Physiklehrer am Jesuitenkolleg in Kairo hinter sich und vier Jahre, von 1908–1912, Theologiestudium in Hastings in England, wo er am 24. August 1911 auch zum Priester geweiht wurde. Trotz der pädagogischen und theologischen Ausbildung, die den jungen Jesuiten, so sollte man meinen, auf die Begegnung mit dem einzelnen Menschen vorbereiten sollte, ist Teilhard im Gegenteil fasziniert einerseits von der geologischen und paläontologischen Feldforschung und der Weiterentwicklung der Evolutionstheorie, andererseits von dem Problem, diese naturwissenschaftlichen Erkenntnisse mit den Glaubenswahrheiten über Schöpfung und Erlösung in Übereinstimmung zu bringen. Er spürt, daß ihm der Funke noch fehlt, der das Feuer der Synthese in ihm entzünden könnte. Da begegnet er der nun

zweiunddreißigjährigen Marguerite, die gerade mit einem
Neubau für das Institut in der Rue du Montparnasse befaßt
ist und deren Eltern mittlerweile von Clermont nach Paris
übersiedelt sind, wo „der gute Onkel bis zum Hals in sozialen Werken steckt", wie Teilhard berichtet.

Die Begegnung mit Marguerite kommt für Teilhard einer
Offenbarung gleich; mit ihr beginnt die entscheidende Epo-
che seines Lebens. Marguerite öffnet ihm Augen und Herz
für das Ewig-Weibliche, das sich in der Gestalt der liebenden Frau am vollkommensten darstellt. Achtunddreißig
Jahre später, im Sommer 1950, erinnert sich Teilhard in seinem autobiographischen Abriß „Das Herz der Materie" an
dieses wunderbare Ereignis:

„Das Lebendigste des Greifbaren ist das Fleisch. Und für den
Mann ist das Fleisch die Frau.

Seit der Kindheit unterwegs, das Herz der Materie zu entdek-
ken, war es unvermeidlich, daß ich mich eines Tages von Angesicht zu Angesicht dem Weiblichen gegenüber fand. – Das
Seltsame ist nur, daß die Begegnung offensichtlich mein dreißig-
stes Lebensjahr abgewartet hat, um sich zu ereignen. – So groß war
für mich die Faszination durch das Unpersönliche und Allgemeine.

Deshalb die seltsame Verzögerung.

Aber eine fruchtbare Verzögerung. Denn da die neue Energie
meine Seele genau in dem Augenblick durchdrang, am Vorabend
des Krieges, als der Kosmische Sinn und der Menschliche Sinn in
mir gerade aus ihrem Kindheitsstadium heraustraten, kam sie
nicht mehr in Gefahr, meine Kräfte abzuziehen oder zu zer-
streuen, sondern traf auf eine Welt der geistigen Neigungen, deren
noch ein wenig gefühllose Größe nur noch ihrer bedurfte, um sich
endgültig zu festigen und Gestalt anzunehmen."[18]

Die Energie, von der Teilhard spricht, ist die Liebe. Marguerite ist die erste Frau, die ihn liebt. Sie hält ihm auch die
Treue, als später andere Frauen in Teilhards Leben treten.
Teilhard wird es ihr bis an sein Lebensende danken und nie
vergessen, daß er durch sie eigentlich er selbst geworden ist.

Das bezeugen die von Marguerite herausgegebenen Kriegsbriefe aus den Jahren 1914–1919 unter dem bezeichnenden
Titel „Entwurf und Entfaltung".

Marguerite überlebt Pierre. Nach seinem Tod 1955 gibt
sie unter ihrem Schriftstellernamen Claude Aragonnès
1956 und 1957 Teilhards Reisebriefe heraus und bereitet
auch die Kriegsbriefe zur Veröffentlichung vor, deren Erscheinen sie jedoch nicht mehr erlebt. Sie stirbt am 11. September 1959 an den Folgen eines Autounfalls.

Sicher auch angeregt durch ihre Freundschaft mit Teilhard, erkennt Marguerite auch für sich in der Schriftstellerei die Aufgabe, zur Klärung der Probleme der Zeit, vor
allem der Frauen im Spannungsfeld zwischen Beruf und
Liebe, beizutragen. Zugleich gibt ihr das Schreiben auch die
Möglichkeit, ihre eigenen Freuden und Schmerzen, nicht
zuletzt die aus ihrem Verhältnis zu Pierre entstandenen, zu
verarbeiten.

Ihr erstes Werk, ein Roman mit dem Titel „La loi du fai-
ble" (Das Gesetz der Schwäche) – die Geschichte einer Frau,
die sich für ihren Vetter, der sozialen Verpflichtungen
nachgeht, aufopfert! –, erscheint 1925. Es ist auf dem Hintergrund einer schweren, seelisch – durch ihre Beziehung
zu Pierre? – bedingten Krankheit entstanden. Im Mai 1922
mußte sie deswegen die Leitung des Institut Notre-Dame
des Champs niederlegen und den Winter 1922–23 in Italien
Erholung suchen.

Teilhard schreibt am 12. Dezember 1923 an Léontine
Zanta:

„Marguerite wird Ihnen gesagt haben, daß ich meinen Aufenthalt
in China um sechs Monate verlängert habe. Ihr diesen Kummer zu
machen, hat mich bei diesem Entschluß am meisten gekostet.
Aber ich wäre ihrer Freundschaft nicht würdig, wenn ich nicht ihretwegen getan hätte, was mir das Beste schien. (Das alles gilt entsprechend auch für Sie, gelt?)"[19]

Man ahnt Marguerites seelische Not, die nach Pierres Rückkehr von der Front nach Paris aus ihrer Liebe entstanden ist, so daß für Teilhard eine räumliche Trennung das kleinere Übel zu sein scheint.

Nach ihrer Wiedergenesung übernimmt Marguerite zwar die Leitung des Instituts nicht mehr, bleibt aber von Oktober 1924 bis 1953 dort Lehrerin für Literatur in den höheren Klassen. Als Generalsekretärin der „Union der höheren Mädchenschulen" und Mitarbeiterin der Verbandszeitschrift, für die sie Film-, Theater- und Buchkritiken schreibt, versucht sie, das kulturelle Getto der katholischen Lehrerinnen aufzubrechen und sie zur Auseinandersetzung mit dem Geistesleben der Gegenwart anzuregen, eine Aufgabe, die sie mit Teilhard während der Kriegsjahre erkannt hat.

1934 erscheint ihr zweites Buch „Mademoiselle de Scudéry, reine du Tendre" (Königin der Zärtlichkeit), wieder unter dem Pseudonym Claude Aragonnès. Sie hat es einer ihrer Vorfahren entlehnt, Jeanne Aragonnès, die mit Madeleine de Scudéry befreundet gewesen ist.

Madeleine de Scudéry (1607–1701) ist seit 1653 Mittelpunkt eines der führenden „Salons der Preziösen" in Paris. Bei ihr versammeln sich Literaten, Künstler, Gelehrte und Kritiker mit Frauen, die einen Ausgleich zwischen Koketterie und Prüderie suchen. Sie verbinden weibliche Emanzipation mit Ehefeindlichkeit und lehnen vulgäre wie naive Empfindungen und Mitteilungen ab. Man diskutiert über Schönheit und Liebe und tauscht Gelegenheitsgedichte aus. Madeleine de Scudéry schreibt vielbändige pseudohistorische Romane über berühmte Zeitgenossen, die nach den Normen der Preziosität leben: idealisierte Gestalten, von Frauenkult und übermenschlichem Heroismus angefeuert, „deren Seelenadel langatmig zergliedert wird", wie moderne Literaturwissenschaftler urteilen.

Marguerite Teillard-Chambon findet in ihrem eigenen Leben viele Parallelen zu Madeleine, vor allem zu deren Freundschaft mit dem Schriftsteller Paul Pellisson-Fontanier. Mit ihm entwirft Madeleine die aus ihrem Roman „Clélie" in die Literatur eingegangene Carte de Tendre: eine psychologische Dreigliederung der Liebe im Bild der Flüsse Inclination (Neigung), Reconnaissance (Dankbarkeit) und Estime (Hochschätzung) mit dem See Indifférence und dem „gefährlichen Meer". Denkt Marguerite nicht an ihre Freundschaft mit Teilhard, wenn sie über Madeleine und Pellisson schreibt:

„Ihr Roman, den alle Welt kannte und den deshalb niemand verdächtigte, ist eines der berühmtesten Beispiele der Freundschaft, die wir gerade zu analysieren versucht haben. Sie war ungefähr für ein halbes Jahrhundert der Charme von zwei edlen Herzen, von zwei lebendigen und weiten Geistern, die sich ergänzten. Indem wir ihren Verlauf studieren, werden wir allmählich die gekünstelte Atmosphäre der preziösen Salons verlassen, wo sie geboren wurde, und die Geschichte eines tiefen Gefühls erzählen, das dem Leben der Madeleine de Scudéry diesen Aufbruch und diese endgültige Orientierung, diese Fülle der Freude und des Leids schenkte, die die Frau meistens nur einer großen Liebe verdankt."

Was Pellisson an Madeleine schätzte, hat auch Teilhard bei Marguerite gefunden:

„Vor allem tat es ihm gut, angehört zu werden. Man unterhält sich gut nur mit einer Frau. Die Männer unter sich hören sich nur mit ihrer Intelligenz; eine Frau hört mit ihrer ganzen Person; es ist diese vollkommene Gegenwart, die einen Mann von Geist schmeichelt und reizt."

1652 wird Pellisson königlicher Sekretär, 1657 Erster Sekretär Fouquets, des Oberintendanten für die Finanzen und Mäzens von Molière und La Fontaine. Als Fouquet 1661 bei Ludwig XIV. in Ungnade fällt, verteidigt ihn Pellisson mu-

tig. Dafür muß er fünf Jahre in der Bastille verbringen. 1667
wird er für zehn Jahre königlicher Historiograph, bis ihn
Racine ablöst. Pellisson entwirft die erste Geschichte der
Académie française, der er selbst angehört. 1670 konver-
tiert er vom Protestantismus zum Katholizismus und engagiert sich auch schriftstellerisch in den Glaubensauseinan-
dersetzungen seiner Zeit. Wie ihn Marguerite kennzeich-
net, erinnert es an Teilhard:

„Vor allem die Einsamkeit, die die Seele ergründet und den inneren Blick reinigt, schafft sein Werk, Pellisson betet, meditiert. Die
Eucharistie ist das Zentrum seiner Studien, wie sie das seiner
Frömmigkeit wird. Seine künftigen Werke der Kontroverse oder
der Erbauung werden die Frucht und oft die einfache Weiterentwicklung der Meditationen sein, die er in der Bastille geschrieben
hat.“

Was für Pellisson die Bastille, ist für Teilhard der Erste
Weltkrieg gewesen. Und wie Madeleines Freundschaft Pellisson durch alle Stationen seines wechselvollen Lebens begleitet hat, wird auch Teilhard weiterhin auf Marguerite
bauen können.

Die letzten Lebensjahre der Freundschaft Madeleines mit
Pellisson beschreibt Marguerite so, wie sie es sich auch für
sich und Teilhard wünscht:

„Seit so vielen Jahren, da sie sich täglich sahen oder schrieben, alle
ihre Gedanken mitteilten, alle Lebensinteressen vereinigten, waren ihre Freundschaften, ihre Existenzen, ihre Seelen derart eins
geworden, daß man mit Recht sagen konnte: Sie fanden die Naht
nicht mehr, die sie verbunden hatte.“

Sollte sie ihn überleben, so gilt für sie, was Madeleine
über Pellisson gesagt hat: „Mein Leben ist nötig, um sein
Andenken zu erhalten.“[20]

Für ihre zweite Biographie „Marie d'Agoult. Romantik,

Liebe und Leidenschaft um den jungen Liszt", die 1938 erscheint, erhält Marguerite Teillard-Chambon den Femina-Vacaresco-Preis, in dessen Jury sie auch später berufen wird. Wie schon ihre früheren Bücher spiegelt auch das Buch über „Marie d'Agoult", die nicht nur wegen ihrer Liebesaffären, sondern auch mit ihren unter dem Pseudonym Daniel Stern erschienenen Werken zu ihrer Zeit Aufsehen erregte, manches persönliche Erleben Marguerites auch mit Teilhard.

„Das Reizvollste in der Unterhaltung mit Liszt war für Marie d'Agoult, daß sie rückhaltlos alle Themen ungezwungen mit ihm erörtern konnte. Obwohl er damals, zumindest seiner Meinung nach, sehr katholisch dachte, und das Gerücht, er wolle in einen Orden eintreten, nicht ganz unbegründet war, so trieb ihn sein unruhiger Geist doch zu ketzerischen Gedanken. Man hatte ihn in den letzten Jahren beharrlich Predigten von Sektierern und religiösen Zusammenkünften beiwohnen sehen, in denen neue Offenbarungen verkündet wurden." – „Wie sehr beglückte es Marie, daß Franz, der ihr nun so nahe war, wieder heiter zu werden und zu sich selbst Vertrauen zu fassen begann; durch sie hatte er neue Kraft gewonnen, den Sinn seines Lebens, die Erfüllung seines Schicksals gefunden." – „Der Mensch, den wir aus ganzem Herzen lieben, formt uns zugleich. Marie fühlte, wie sich ihr Denken geradezu in einem Glücksrausch weitete; nun konnte sie endlich sie selbst sein. Lange Unterhaltungen, in denen ihre Gedanken sich gegenseitig befruchteten, schufen eine noch vollere Harmonie zwischen ihnen. Wie oft mußte sie, wenn Franz sie wegen ihrer Furchtsamkeit oder ihrer veralteten Vorurteile verspottete, erkennen, wie berechtigt sein Spott war; dann lachten sie alle beide. Aber sie verblüffte ihn auch wiederum durch ihr umfassendes Wissen. Sie war viel gebildeter als er, sie hatte viel gelesen, Deutsch sowohl wie Französisch. Sie interessierte sich für Philosophie ebenso wie für hohe Literatur."[21]

Im Juni 1939 begleitet Marguerite ihren Vetter Pierre an Bord der „Champlain" von Frankreich nach den USA. Sie will dort für ihr nächstes Buch „Lincoln, Held eines Volkes", das 1955, im Todesjahr Teilhards, erscheinen wird, recherchieren. Dorothy Lamon-Teillard, die Tochter des besten Freundes von Lincoln, die Marguerite noch selbst in ihrer Familie erlebt hat, ist der Anstoß zu dieser Biographie. Als erste Frucht dieser Reise und Studien erscheint schon 1945 das Büchlein „Prises de vue américaines", in dem Marguerite ihre Eindrücke von Amerika wiedergibt. Das Vorwort zu Lincoln schließt mit Blick auf Teilhard:

„Er [Lincoln] sollte diejenigen bestätigen, deren schweren Beruf er ausübte [es handelt sich um die Staatsmänner], nämlich durch das gemeinsame Bemühen einer in sich verbundenen Menschheit nach ‚dieser unermeßlichen Zukunft des Menschen‘ zu streben, die er dunkel vor sich sah."[22]

Pierre und Marguerite haben sich auf ihre Weise zu einem Menschen verbunden, um gemeinsam nach der unermeßlichen Zukunft der Menschheit zu streben, wie sie sich in der Liebe ankündigt. „Wir hoffen", so schreiben Marguerites Schwester Alice Teillard-Chambon und Pierres Freund Max Henri Bégouën in ihrer Einleitung zu den Kriegsbriefen Teilhards, die Marguerite noch kurz vor ihrem Tode ausgewählt hatte, „daß die Menschen, die in diesem Leben einander so nahe waren, im Tode endgültig vereint sind. Wir sind überzeugt, daß sie auch im Andenken der Menschen nicht voneinander getrennt sein werden. Es liegt darin gleichsam ein geheimnisvolles Gesetz unserer Natur, daß sich fast immer in der Nähe eines großen Mannes eine große, ein wenig verschleierte weibliche Gestalt findet; und dieses Gesetz hat sich wiederum bestätigt in Pierre Teilhard de Chardin und Marguerite Teillard-Chambon."[23]

2 Weil Du in Bewegung bist …

*Die folgenden vier Briefe Teilhards an Marguerite stammen
aus den Jahren 1915 bis 1919. Sie markieren die entscheidende
Phase in der Beziehung Pierres zu seiner Cousine.*

*Die Trennung – Teilhard ist als Soldat an der Front –
zwingt die beiden, sich über die Möglichkeiten und Grenzen
eines gemeinsamen Weges klar zu werden. Der intensive
briefliche Gedankenaustausch führt dazu, daß Pierre wie
auch Marguerite, indem sie übereinander nachdenken,
auch jeweils sich selbst besser kennenlernen und ihren je eigenen Standort und ihre je eigene Bestimmung erkennen.
Darin erlebt Teilhard jene Gesetzlichkeit von der wachsenden Individualisierung des einzelnen gerade durch die zu-
nehmende Vereinigung mit dem anderen: „Die Vereinigung
im Personalen differenziert", wird er 1937 in „Das geistige Phänomen" formulieren.[24] Mehr Ich durch mehr Du, auch das
ist eine Formel für das Geheimnis der Liebe.*

*Im Brief vom 4. Juli 1915[25] aus der Nähe von Dünkirchen
geht es um den Lebensweg Marguerites. Soll sie nicht besser
auch Ordensschwester werden, statt sich als Lehrerin und Institutsleiterin abzuquälen? Die Antwort Teilhards auf diese
„Versuchung", die gerade die besten katholischen Frauen immer wieder heimsucht, ist ebenso behutsam wie eindeutig:*

*Wichtige Lebensentscheidungen müssen reifen und dür-
fen nicht aus augenblicklicher Unzufriedenheit heraus getroffen werden. Wohin uns Gottes Wille führen will, wird
sich um so deutlicher zeigen, wenn wir die oft widerwärtigen Aufgaben des Alltags erfüllen. Die Entsagung, die dieses
Handeln von uns fordert, entspricht mit Sicherheit dem Willen Gottes und bringt Ewigkeit in unser Leben.*

*Bemerkenswert noch Teilhards Stellungnahme zur Kritik
an der Kirche und am Papst und seine Bestimmung des Katholiken: einer, der gewiß ist, daß Jesus Christus Gott ist!*

[Zuydcoote] 4. Juli 1915

Liebe Marg!

Ich beantworte hier Deine beiden Briefe vom 24. und vom 28. Der zweite erreichte mich in den Dünen östlich von Dünkirchen, wo wir zwei Tage lang auf Manöver waren; das heißt, wir sind noch immer, und vielleicht noch für lange Zeit, hinter der Feuerlinie. Nur die (recht seltene) Sendung irgendeines weittragenden Geschosses bleibt uns als letzte Gelegenheit, die Stimme der „Boches"[1] zu vernehmen. – Ich habe also mit Muße darüber nachdenken können, was Du mir von Deinen Schwierigkeiten erzählst, „in der Welt so zu leben, als ob man nicht in ihr lebte". Ich kann Dir folgendes dazu sagen. Vor allem hab Vertrauen in das *langsame* Arbeiten Gottes. Ganz natürlich drängen wir in allen Dingen ungeduldig dem Ziele zu. Wir möchten die Zwischenstufen überspringen. Wir leiden voller Ungeduld darunter, *zu etwas Unbekanntem, Neuem unterwegs* zu sein ... Dabei ist es das Gesetz jedes Fortschreitens, daß sein Weg über das Unbeständige führt – das eine sehr lange Zeit andauern kann. Auf diese Weise sind wir, was die Kultur von morgen betrifft, seit einem Jahr im ungewissen.[2] So steht es, glaube ich, auch mit Dir. Deine Gedanken reifen ganz allmählich; laß sie wachsen, laß sie Gestalt annehmen, ohne etwas zu überstürzen! Versuche nicht, sie zu „zwingen", so als könntest Du heute schon sein, was die Zeit (das heißt die Gnade und die Umstände, die auf Deinen guten Willen Einfluß nehmen werden) morgen aus Dir machen wird. Gott allein könnte sagen, welcher Art der neue Geist ist, der sich allmählich in Dir abzeichnet. Schenke unserem Herrn Vertrauen, und denke, daß seine Hand Dich gut durch die Finsternis und das „Werden" führen wird – und nimm aus Liebe zu ihm die Angst auf Dich, Dich im Ungewissen und gleichsam unfertig zu fühlen. – In Erwartung des Tages, an dem Du endlich fühlst, daß Du auf Beständiges gestoßen bist, denke daran, daß dieses „Beständige" für Dich sehr gut in der Form eines weltlichen und „individualistischen" Lebens bestehen kann. Es ist ganz richtig, daß sich viele Seelen aus einer gewissen Logik und einem gewissen Bedürfnis heraus zusammenschließen und sich in einen Rahmen zusammenfügen, wenn sie überzeugt sind, daß Gott allein es wert ist, daß man sich ihm hingibt. Zum Glück ist dies jedoch keine Regel. *Alle* Lebensformen können heilig sein, und die ideale Form für jeden ist die, zu der unser Herr ihn durch die natürliche Entwicklung seiner Neigung und unter dem Druck der Umstände geführt hat.

Ich glaube, es ist nicht richtig, wenn man wie Du sagt, daß die Menschen im Klosterleben mehr Sicherheit suchen, indem sie ihre Aktivität *„beschränken";* wenn sie das glaubten, wäre es sehr bedauerlich und nicht sehr ehrenhaft für die Vorsehung. Nein, ausrichten [ordnen] heißt nicht beschränken. Halte im Prinzip folgendes fest und werde nicht müde, es Deiner Umgebung immer wieder zu sagen: Eines der sichersten Zeichen für die Wahrheit der Religion, an sich genommen und in einer Seele im besonderen, ist, zu beobachten, wie weit sie einen Menschen zum Handeln treibt, das heißt, in welchem Maße es ihr gelingt, aus den tiefen Quellen, die in jedem von uns liegen, ein gewisses Maximum an Energie und an Bemühen zutage zu fördern. Handeln und Heiligung gehen parallel und stützen einander. – Du möchtest ausgeglichener sein inmitten der tausend Zusammenstöße, die das freie Leben bringt: strebe danach, Deinen persönlichen Schwung, Deinen Drang zum Guten rund um Dich zu verwirklichen. Sobald Deine „lebendige Kraft" im Moralischen auf diese Weise groß geworden ist, wird Dich ein Lüftchen von Disharmonie, das Dich *in der Ruhestellung* zittern und zögern läßt, kaum vom Wege abbringen, weil Du *in Bewegung* bist. – Du weißt nicht, wie Du „mitten im tätigen Leben Entsagung üben" sollst. Aber Du gibst Dir selber die Antwort: durch Tätigkeit! Das größte Opfer, das wir bringen können, der größte Sieg, den wir über uns selber erringen können, besteht darin, daß wir unsere Trägheit überwinden, unseren Hang, uns möglichst wenig anzustrengen. Das christliche Handeln macht an sich frei und verbindet uns dem Herrn. Denke nicht an theoretische Entsagung, sondern gib Dich zunächst einmal der Erfüllung Deiner oft widerwärtigen Aufgabe hin, die Dir *von Gott* zugewiesen ist. Er wird Dir helfen, er wird Dir (durch seine verhüllte Billigung und, wenn er will, durch einen Führer, in dem Du zu Deinem Trost Gott selber spüren wirst) die für Dein Wirken notwendige Stütze liefern. Laß Dir nur von Gott alles geschehen. Du weinst vor Sehnsucht beim Anblick derer, die Ewigkeit in ihr Leben bringen. Aber Dein Leben ist voll von ihr, glaube mir. – Die Ewigkeit tritt in unsere bewußte Existenz an dem Tage ein, von dem an wir „ausschließlich Gott im Sinne haben". Das ist aber doch bei Dir von jetzt ab der Fall; – den tausend Schwingungen, die Dich aufschrekken, weil sie Dich noch zum Schwanken bringen, würdest Du nirgends entgehen können; nur ein gesteigertes Handeln in Richtung auf den göttlichen Willen – selbst wenn wir gar keine Neigung dazu verspüren – wird sie dämpfen.

Dank für die Zeitungsausschnitte über Latapie[3]. Du mußt darunter leiden, Dich vor *Em. de M.*[4] gedemütigt zu fühlen. Selig diejenigen, die darunter leiden, daß sie die Kirche nicht so schön sehen, wie sie sie sehen möchten, und die dadurch nur noch gehorsamer sind und demütiger beten. Das ist ein tiefer Schmerz, aber sein übernatürlicher Wert ist groß. Man kann es nicht oft genug wiederholen: Der Katholik ist einer, der auf Grund bestimmter und *trotz* vieler Ärgernisse gewiß ist, daß Jesus Christus Gott ist. – Warum müssen allzu viele Menschen nur die Ärgernisse sehen, und warum wollen sie erst diese abschaffen, ehe sie sich mit den positiven Motiven befassen! – Warten wir es ab. – Die *Kultur* ist etwas außerordentlich Komplexes. Wer weiß, ob die von uns so schmerzlich empfundene Zurückhaltung des Heiligen Vaters nicht der notwendige Zug an der Bremse ist, um uns vor einem fanatischen Absolutismus zu bewahren ...[5]

Gott befohlen. Freundliche Grüße an Madame Parion[6]. Alles Liebe den Deinen.

Pierre

Ein „Sehr gut" für die Schaffung der Stipendien. Du bist eine der wenigen, die diese Angelegenheit vorwärtsbringen kann – und dies ist der Ausgleich für den Verdruß, den eine Institutsleiterin hat, dieses wiegt jenes auf.

NS: Füge zu meiner Adresse noch „1. Bataillon" hinzu (siehe Briefumschlag).

[1] *„Boches":* Schimpfwort für Deutsche.
[2] Der Krieg wurde anfangs auch von Teilhard als ein Kampf um die Zukunft der „wahren *Kultur"* verstanden.
[3] Französischer Journalist, dessen bekanntestes Werk „Sommes-nous prêts?" ist, eine Rundfrage, die im Jahre 1905 in der „Liberté" erschien. (Anm. Original).
[4] *Emmanuel de Margerie,* französischer Geograph. (Anm. Original).
[5] Papst Benedikt XV. wahrt strikte Neutralität. Statt, wie von vielen französischen Katholiken erwartet, für einen Kreuzzug gegen die Deutschen aufzurufen, warnt er vor dem „Selbstmord des gesitteten Europa". Doch seine Friedensnote vom 1. August 1917 bleibt wirkungslos.
[6] *Madame Parion* ist stellvertretende Leiterin des Instituts Notre-Dame des Champs und eine enge Freundin Marguerites.

3 Eine große Sehnsucht nach dem Leben

Im Brief vom 27. Juli 1915[26] erinnert Teilhard Marguerite an die ihnen gemeinsame Kraftquelle, der Natur ihrer Heimat. Sie ist das Urbild des Ewig-Weiblichen, das in Geduld und Demut eine Welt vorbereitet, die sie selbst nicht kennt. Im Kontrast dazu zeichnet Teilhard die Welt des Krieges, die den Menschen zwar keine Zeit läßt zum Wachsen und liebenden Austausch, aber sie zu einer gemeinsamen Anstrengung zwingt, die den Egoismus überwindet.

Liebe Marg! [Zuydcoote] 27. Juli 1915
Heute nur ein paar Worte, um Dir zu versichern, daß ich noch immer in dem Grün meines flämischen Bauernhofes vegetiere – und um Dir zu sagen, daß ich unseren Herrn bitte, Dir Ferien zu schenken, die Dir Ruhe und Kraft bringen. – Gib Dich nur bedenkenlos der vertrauten Größe des alten Cantal[1] hin, und laß Dich von dem stillen Frieden der heimatlichen Berge erfüllen und von ihm gefangennehmen. Du brauchst diese Ruhe, um bald die Aktivität wieder aufzunehmen, die nach Dir verlangt und Dich erwartet, um Dich zu heiligen. Die Natur schläfert uns in gewissem Sinne ein, sie wiegt uns mit Nirwana[2] und all dem alten Pantheismus[3] ein; bei genauerem Zusehen aber ist sie eine eindringliche Aufforderung zu langsamem, geduldigem und verkanntem Bemühen, durch welches das Individuum, von einer ganzen Vergangenheit getragen, in Demut eine Welt vorbereitet, die es nicht kennt. Theoretisch hätte auch ich derzeit den Wunsch, mir in der rückhaltlosen Hingabe meines Selbst an die große Aufgabe der Gegenwart durch die gelassene Betrachtung der Arbeit am Leben, die Gott mit Hilfe seiner Geschöpfe verfolgt, Kraft zu holen. Aber der Rahmen als Soldat in einer Kompanie, die seit zwei Monaten im Ruhequartier ist (das heißt, um die mit

der Zeit wieder das formalistische Netz der Garnisonsinstruktionen gewachsen ist), läßt mich weder richtig beten noch richtig denken, noch richtig schauen. Und doch fehlt es hier nicht an eindrucksvollen Schauspielen. Wenn ich mich auf das schwere Gitter stütze, das unseren Bauernhof abschließt, kann ich ein wahres Meer von Getreide sehen, das bis zum Horizont der außerordentlichen flämischen „Plattheit" wogt; mitten drin tauchen gleich eingeschlossenen Inselchen die Bauernhöfe auf, gleichmäßig umringt von hohem Grün; allüberall stechen hohe Glockentürme heraus und erinnern an merkwürdige Namen (Rexpoède, Hondschoote usw. ...) oder an eine weit zurückliegende hübsche Vergangenheit (Le Pontaux-Cerfs). – Vor einigen Tagen saß ich auf einer der Dünen, vor mir das große grüne Meer, in dem die Unterseeboote dahingleiten und die Minen treiben; im Osten, über Ostende und Dixmude, traf die untergehende Sonne voll auf ungeheure Wolken, die sich aus phantastisch geformten Flockengebilden auftürmten und die mit kleinen Tintenklecksen durchsetzt waren (Geschosse der „Boches"[4], die auf ein Flugzeug abgefeuert worden waren). Das war sehr schön und ließ im Herzen eine große Sehnsucht nach dem Leben aufkeimen. Warum muß man alle diese Eingebungen in sich aufnehmen, ohne daß man die Zeit hat, sie etwas hervorbringen zu lassen, ja ohne daß man jemanden hat, dem man sie ein bißchen mitteilen könnte! ... Zweifellos wiederum deshalb, weil in dem gegenwärtigen Konflikt jeder vergessen muß, welche egoistische Vervollkommnung er erreichen könnte, um zu dem einfachen Bemühen zu werden, das der gemeinsamen Anstrengung gewidmet ist[5]. Übrigens war die Vorsehung so aufmerksam, mir in Form eines „Kadetten" (Leutnant-Anwärter) einen reizenden Weißen Vater (Diakon) zu senden, der mir jeden Morgen in dem Haus, in dem wir wohnen, bei der Messe ministriert; sei versichert, daß ich in jedem Au-

genblick weder Dich noch Deine beiden Familien vergesse.
Ganz der Deine.   *Pierre*

[1] Das *Cantal* ist ein Teil des französischen Zentralmassivs im Süden der
Auvergne. Die Teilhards stammen von dort, aus Murat.

[2] Teilhard beschreibt die Erfahrung des *Nirwana* genauer in „Das kosmische Leben" vom 24. April 1916: „In der ersten Ergriffenheit meines Ein-
tauchens ins Universum habe ich mich widerstandslos auf den müßigen
Genuß und auf das Nirwana zugleiten lassen ... Wie der Taucher, der wieder zu sich kam und seiner Erstarrung Herr wurde, so muß ich nun mit
einem kräftigen Ruck mein Steuer herumwerfen und zu den höheren Zo-
nen aufsteigen. Der wahre Anruf des Kosmos ist eine Aufforderung, bewußt an der großen Arbeit, die in ihm vorgeht, teilzunehmen: nicht wenn
wir den Gang der Dinge zurücksteigen, vereinigen wir uns mit ihrer all-ei-
nen Seele, sondern wenn wir mit ihnen für ein künftiges Ziel kämpfen."[27]

[3] Den *„alten Pantheismus"* wird Teilhard 1916 in „Das kosmische Leben"
so charakterisieren: „Die für das Heidentum bezeichnende Auffassung ist,
daß alles im Universum gleichmäßig wahr und wertvoll sei, so daß die Ein-
schmelzung des Individuums sich mit allem, *ohne Unterschied und ohne
Korrektur,* zu vollziehen hat. Alles, was wirkt, sich bewegt oder atmet, jede
physische, astrale, beseelte Energie, jedes Quäntchen Kraft, jedes Fünk-
chen Leben ist gleicherweise heilig; denn im bescheidensten Atom und im
glänzendsten Stern, im gemeinsten Insekt und im klarsten Verstand lä-
chelt und schauert *dasselbe Absolute.* Diesem Absoluten allein gilt es an-
zuhangen durch eine unmittelbare und tiefe Hingabe, die alle noch so
substantiellen Determinierungen des Realen als bloßen Schein durchstößt
und beiseite schiebt ..."[28] Auf den Vorwurf, er habe selbst einen Pantheismus vertreten, erwidert Teilhard 1948 in „Der Mensch im Kosmos": „Das
ist, wenn man will, wirklich ‚Pantheismus' (im etymologischen Sinn),
doch ein absolut legitimer Pantheismus. Denn wenn am Ende die bewuß-
ten Zentren der Welt tatsächlich nur mehr ‚eins mit Gott' sind, so kommt
es zu diesem Zustand nicht durch Identifizierung (indem Gott zu allem
wird), sondern durch die differenzierende und einigende Wirkung der
Liebe (Gott ganz *in allen*) – und das ist durchaus orthodox und christlich."[29]

[4] *„Boches":* Schimpfwort für Deutsche.

[5] Das ist die Erfahrung, aus der Teilhard 1919 in „Gelobtes Land" eine
wichtige Lehre zieht: „Dies aber ist *die Bedingung des menschlichen Fortschritts,* wie der Krieg sie uns gezeigt hat: daß die Menschen, wenn sie es
endlich aufgeben, isoliert zu leben, so weit kommen, *ein allen gemeinsa-
mes Ziel ihres Lebens* zu entdecken (ein für immer an ihren Himmel gehef-
tetes Ziel, durch Erziehung überlieferbar, durch Forschung erreichbar und
vollendbar), an welchem (in einer weder individuellen noch regionalen,
noch sozialen, sondern *menschlichen Anstrengung*) die ganz sicher in ihnen noch schlummernden Kräfte *sich entzünden und gruppieren.*"[30]

4   Wo niemand für sich allein stark ist

*Am 21. Februar 1916 hatte die deutsche Verdun-Offensive be-
gonnen, in deren Verlauf zwar ein Teil der Festungswerke
eingenommen wurde, Verdun selbst aber in französischer
Hand blieb. Die Verluste betrugen auf beiden Seiten jeweils
über 300 000 Gefallene (nach Ploetz).*

*Der Brief vom 29. Juni 1916[31] ist das Dokument einer
schlimmen Erfahrung, die Teilhard in diesen Wochen bei
Verdun gemacht hat: Die „Verfinsterung meiner Lebenslust“
nennt er es in seinem Tagebuch unter dem 27. Juni (die
ganze Stelle siehe in Anmerkung 6 zu diesem Brief). Und einen Tag vorher notiert er:*

*„Zurück von Avocourt – Höhe 304. – Während der Ruhe-
stellung, in der wir schon seit einiger Zeit sind, muß ich versuchen, den Faden meines Denkens wieder aufzugreifen,
neu anzuknüpfen, der durch das lange Getöse der eben zu
Ende gegangenen Tage abgeschnitten und verwirrt worden
ist. Insgesamt war ich den Ereignissen nicht gewachsen. Ich
habe es nicht fertiggebracht, mich genug anzustrengen, um
die anderen zu trösten, aufzuheitern, ihnen beizustehen.
Ein vielleicht physisches Element der Ermüdung trug dazu
bei, mich abzustumpfen. Sicher ist, daß meine natürlichen
Energien erschlafft waren, während Christus mir fern
schien.“[32] Und am 30. Juni schreibt er im Tagebuch:*

*„Ich erkenne jetzt deutlicher, was mich in Verdun ver-
wirrt hat, nämlich die konkrete und nahe Schau der möglichen Vernichtung. Ich habe gespürt, abgetastet, was es
heißt, sich verlieren und auf alle genährten Hoffnungen, auf
alle geliebten Rahmen verzichten zu müssen ... Der Schatten dieser Drohung hat sich über mich gelegt und gewissermaßen all mein Feuer abgekühlt, eingefroren. Und meine
Lebens- und Tatenlust war wie versiegt; ... die grünen
Zweige meines Lebens sind sozusagen verwelkt.“[33]*

*Doch der Brief ist auch ein Beweis dafür, daß Marguerite
für Teilhard gerade in dieser Krise „eine große Hilfe" ist: Anlaß für Teilhard, über die Ehelosigkeit nachzudenken (im
parallel geführten Tagebuch).*

*Indem Teilhard sich selbst charakterisiert als „eher leiden-
schaftlich als gelehrt", so daß sein Denken und Tun „eher
aus der Empfindung kommt als aus dem Intellekt", steht er
persönlich dem Ewig-Weiblichen näher als die meisten anderen Männer.*

*Wir haben die Parallelen zu diesem Brief aus den Tage-
bucheintragungen auch deshalb ausführlich zitiert, um auf
eine Eigentümlichkeit Teilhards aufmerksam zu machen:
Alle seine gleichzeitigen Äußerungen in Tagebüchern, Briefen und Abhandlungen bilden einen Zusammenhang und
sind sich ergänzende Bestandteile einer großen Konfession:
Ausdruck seines intensiven Ringens um die Wahrheit und ·
den Willen Gottes in seinem Leben. Bloßes Schreibtischden-
ken und -schreiben war ihm fremd.*

[Beury-Meuse] 29. Juni 1916

Liebe Marg!

Ich beantworte hier Deinen lieben Brief vom 22., der am
selben Tag in meine Hände gelangte, da ich Dir meinen
letzten schickte. Was Du mir Liebes und Ermunterndes
sagst, hat mich sehr gerührt. Ich wiederhole Dir, daß Du
mir eine große Hilfe sein kannst; es kommen immer Augenblicke, wo niemand für sich allein stark ist[1]. – Ich
glaube, Du hast völlig recht, wenn Du meinst, daß mein
Denken und Tun im Innersten eher aus der Empfindung
kommt als aus dem Intellekt. Allerdings ist die Unterschei-
dung zwischen den Vermögen des „Empfindens" und des
„Begreifens" weit weniger klar, als es auf den ersten Blick
scheinen mag, und intensives Fühlen zieht beinahe mit

53

Notwendigkeit eine sehr innige Vision dessen nach sich, was empfunden wurde (mein armer Freund Rousselot[2] vermutete, daß jede Erkenntnis „sympathisch" und also auf die Liebe zurückführbar sei); es gibt natürlich Temperamente, bei denen die Intuition eher aus einem Übermaß an Lebensspannung oder Lebensglut erwächst als aus einem methodischen Bemühen; und ohne Zweifel stehe ich diesen näher. Ich bin weit eher leidenschaftlich als gelehrt (verzeih das hochtrabende Wort, das meinem Rang nicht angemessen ist). Du hast mich richtig beurteilt. – Das aber ist eine große Schwäche und gleichzeitig eine kostbare Stärke; ich habe das in dieser letzten Zeit sehr wohl erfahren. Diese Lebenslust, diese leidenschaftliche Liebe zum Leben, um die Du mich beneidest (und die ich gewiß zum Teil der Tatsache verdanke, daß ich im allgemeinen stets Erfolg hatte und auch um mich herum Unterstützung und Sympathie gefunden habe) – diese Lust und Freude zu handeln also liegen absolut nicht in unserer Hand; es ist eine Quelle, die ohne unser Zutun in uns sprudelt, die wir wohl nutzen, kanalisieren, die wir aber nicht unterhalten und speisen können. Wenn diese Grundenergie tief in uns abnimmt, so vermag keine Überlegung, keine Betriebsamkeit sie wieder herzustellen. *„Si sal evanuerit in quo salietur?..."*[3] Sie ist ein *„primum datum"*[4] und ist im praktischen Leben das Analogon[5] zur Erfassung der Grundprinzipien im geistigen Leben. – Der Herr bewahre uns also im Grunde unserer Seele die Spannung hin zum Fortschritt und zum Mehr-Sein; – und möge er gleichzeitig dieses tiefe Streben allein auf sich hinlenken! – Er allein ist der Herr und Spender dieser zweifachen Grundkraft, da er die Quelle des Lebens ist ... Ich sage Dir noch einmal, ich habe diese Abhängigkeit zutiefst erfahren[6], diese unsere Ohnmacht, uns selbst den so notwendigen Sinn für das Leben zu geben. Eben darin fühlte ich mich getroffen. Ist das nicht ein ganz klein

wenig der tödliche Überdruß, an dem unser Herr starb?
Seit einiger Zeit fühle ich mich durch die Fragen, die sich
mir stellen, und die Not, in der ich mich befand, getrieben,
diese Frage des Überdrusses, des Abscheus, des Zustands einer Seele, die natürlicherweise durch das Leben verbittert
und erdrückt ist, eingehender zu studieren[7]. Natürlich
kann auch das von Gott ausgewertet werden, kann auch das
in hervorragender Weise zur Heiligung gereichen. Aber es
muß hier eine psychologische Theorie darüber geben, die
für eine gesunde Askese notwendig ist – und auch eine
„philosophische" Theorie, die diese Zustände rechtfer-
tigt ... Ich sage Dir gleich, daß meine Ideen noch ver-
schwommen sind. Aber ich habe stets bemerkt, daß das
Wesentliche für ein Problem weniger darin besteht, es zu
lösen, als es klar zu formulieren ... In praktischer Hinsicht
bin ich glücklich, daß gerade morgen das Herz-Jesu-Fest ist.
Er ist in erster Linie der Herr des inneren Lebens. Mir
scheint, ich werde ihn mit einem völligen Verzicht auf jedes Selbstvertrauen bitten, meine Seele (und die Seele derer,
die mir am nächsten stehen) mit Leben zu erfüllen. Und
sollte er es lieber sehen, daß wir uns ohne Möglichkeit einer Freude dahinschleppen, so erhalte er uns zumindest die
Lust, gerne seinen Willen zu erfüllen, um seiner selbst willen. – Tatsächlich habe ich ganz fühlbar meine gewöhnli-
che moralische „Stimmung" wiedererlangt. Wenn die
Zukunft etwas weniger nebelhaft wäre, würde ich mich
vielleicht sogar wieder an eine fortlaufende Arbeit machen;
unglücklicherweise ist die Lage für uns noch zu wenig sta-
bil, als daß man irgend etwas Ernsthaftes beginnen könnte.
– Heute ist das Fest des heiligen Petrus, meines glorreichen
Namenspatrons. Immer wieder fällt mir das Wort ein, das
unser Herr am Ende des Evangeliums (Joh 21, 18) zu ihm
sprach: „Bist du einmal alt geworden, wirst du deine Hände
ausstrecken, und ein anderer wird dich gürten und hinfüh-

ren, wohin du nicht willst ..."[8] Merkwürdig, was für eine instinktive, unvermeidliche Vorliebe für den Determinismus[9] der Welt, für „die Hand Gottes über uns" ich in mir fühle, trotz meiner gegenteiligen Argumente und meiner gegenteiligen Behauptungen ... Hier liegt ebenfalls eine dieser ursprünglichen Grunddispositionen vor, die den Nerv unseres Lebens bilden und auf deren Werden oder Fortbestehen wir keinen Einfluß haben ...

Gott befohlen. Ich werde morgen für Dich und Deine Interessen mehr zu unserem Herrn beten, als ich sagen kann. In den Augenblicken, da die großen Übel des Krieges drohend und unversöhnlich auf uns lasten, können die aufmerksamsten menschlichen Sympathien recht zerbrechlich und recht eitel erscheinen; wenn sie sich jedoch auf unseren Herrn stützen, sind sie in Wirklichkeit sehr stark.

Wir verfolgen alle leidenschaftlich das langsame Fortschreiten der großen Offensive[10]. Es ist mehr denn je der Augenblick, sich in der Überzeugung zu verankern, daß einzig und allein die größere Ehre Gottes zählt, die aus all diesem Chaos hervorgehen wird – und auch in dem Glauben, daß diese größere Ehre die Ereignisse in ihrem Sinne beugt und aus ihnen all das Mark und den Saft des dauerhaft Guten zu ziehen weiß ...

Ich habe die Socken und die beigefügte Dose erhalten. Danke Dir und Madame Parion[11]. Sei guten Mutes für den Jahresabschluß! Wir liegen noch immer im gleichen friedlichen Quartier.

Pierre

[1] Angesichts dieser hilfreichen Erfahrung hat sich Teilhard in der Tagebucheintragung vom 27. Juni 1916 Gedanken über seine und Marguerites Ehelosigkeit gemacht: „Das Problem der Jungfräulichkeit besteht vor allem darin, ihre Legitimität (und ihre Grenzen) zu zeigen. a) Legitimität in bezug auf die *soziale* und *kosmische* Aufgabe; b) Legitimität in bezug auf die *individuelle Entwicklung*, die mangels des geeigneten Anreizes unfruchtbar erscheinen kann. Was den *ersten Punkt* betrifft, wird die Frage durch

die *Logik' der Jungfräulichkeit* kompliziert. Die Praxis der Keuschheit schafft ein Antezedenz [hier eine die Zukunft vorwegnehmende Wirklichkeit, die Konsequenzen hat], das sich verallgemeinern will und glauben machen kann, die Zeit des natürlichen Kosmos sei vorbei ... Was die *zweite Frage* angeht, muß man die *Frage des Fraulichen* und seiner Ersatzmöglichkeiten angehen. – Die Schlußfolgerung muß eine synthetische Sicht der Jungfräulichkeit sein: eine Komponente, die partiell bleiben soll? Oder Ansatz zu einer totalen Virginisation, die nach und nach den ganzen Bereich der natürlichen Bemühungen und Eroberungen erfaßt (bei Fortdauer eines Fraulichen)."[34]

2 Der Jesuit Pierre *Rousselot,* 1878 geboren, 1915 bei Verdun gefallen, erregte schon mit seinen beiden Doktoratsthesen über den „Intellektualismus des Thomas von Aquin" und über das „Problem der Liebe im Mittelalter" im Jahre 1908 Aufsehen. Seine originelle Philosophie des Geistes und der Liebe führte ihn zu einer neuen Auffassung von der Natur des christlichen Glaubens unter dem Titel „Die Augen des Glaubens" (1910). Darin heißt es zum Beispiel: „Die Bejahung des Seins, die manchmal von außen her, aus der Dingwelt, auferlegt scheint, ist in Wirklichkeit der Ausdruck eines unwiderstehlichen Entzückens, durch das Gott die erkennende Seele so schafft und erhält, daß er sie gleichzeitig anzieht und auf sich hinordnet." Teilhard kannte Rousselot aus dem Theologiestudium in Hastings. 1912–1914 wohnten sie im gleichen Haus in Paris, wo Rousselot Theologieprofessor am Institut Catholique war. 1920 wird der Jesuitengeneral Rousselots „Lehre über den Glaubensakt" verwerfen und jedem Jesuiten untersagen, sie schriftlich oder mündlich, öffentlich oder privat zu vertreten. Teilhards Kommentar: „Eine Kriegserklärung der einen Mentalität an die andere: Die künstliche, atomistische, separatistische, veräußerlichte usw. Geisteshaltung attackiert die Anhänger der organischen Einheit unter allen ihren Formen. Das ist schlimm, weil unlösbar. Aber es ist tröstlich, weil wir unbesiegbar sind."[35]

3 „Wenn das Salz schal wird, womit kann man dann salzen?" (Mt 5, 13; Mk 9, 50; Lk 14, 34)

4 *primum datum:* „Grundgegebenheit". Der ganze Gedankengang findet sich formuliert im Tagebucheintrag vom 27. Juni: „Nirgendwo bekunden sich die Priorität des Göttlichen in unserer Vervollkommnung und seine schöpferische Autonomie besser als in der Erhaltung der Lebenslust und des Lebensverlangens im Quellgrund unserer Seele. Wir vermögen beinahe nichts zu tun, um sie zu beeinflussen: Sie sind das Geschenk des Lebens ... Bewahre mir, o Herr, die Leidenschaft, mit deinem Willen vereint zu leben ... Ich vermag nichts, um mir diese Leidenschaft zu geben oder zu erhalten: Sie ist ein ‚primum datum', dessen Erhaltung ich auf keinerlei in meiner Macht stehende Überlegung zu gründen vermag ..."[36]

5 Entsprechung.

6 Das Tagebuch belegt diese Erfahrung mehrfach (unter dem 26. und 30. Juni, siehe Einleitung zu diesem Brief), hier die Parallele vom 27. Juni:

„In diesem Monat habe ich eine Verfinsterung meiner Lebenslust erfahren
(nichts mehr begeisterte mich: weder Fakten noch Ideen). Das Prinzip
selbst meiner Kraft war ausgelaugt – ‚si sal evanuerit, in quo salietur? …‘
Dieser Art war wahrscheinlich, unendlich viel stärker, die Angst Christi.
Was soll man in diesem Falle tun, da jeder Haltepunkt fehlt, außer sich,
ohne irgend etwas zu empfinden, an den Herrn anklammern und beten,
bis der Strom des Tuns wieder einsetzt …"[37]

[7] Die Erstfassung auch dieses Textes im Tagebucheintrag vom 27. Juni:
„Ohne daß ich das Problem – ‚Der Ekel‘, ‚Die Langeweile‘, ‚Das Zerbrechen
der vitalen Spannkraft‘, ‚Nichts sagt etwas‘ – in seiner präzisen Form, in
seinem Kern bereits formulieren könnte, spüre ich die Dringlichkeit, *die
Frage des ‚Erschlaffens‘*, des ‚*Gesättigtseins‘*, der *Krankheiten* zu studieren,
die *den Quellgrund des Glaubens und des Tuns befallen. Doppelter Charakter* dieser Krisen: 1. Kein Punkt inneren Halts mehr. 2. Auftreten mitten
im Wachstum der Seele, nach langer Zeit, was verwirrt: Anstatt mit größerer Leichtigkeit zu handeln, fühlt man sich erschöpft, angewidert. Man
fällt zurück, scheint es …"[38]

[8] Tatsächlich wird Teilhard von 1925 bis 1946 und von 1951 bis 1955 im
Exil in China bzw. in den USA verbringen.

[9] Lehre von der (Vor-)Bestimmtheit.

[10] Am 24. Juni 1916 begann die Schlacht an der Somme. 104 französische
Divisionen drücken die deutsche Front auf 40 km Breite etwa 12 km tief
ein, ohne daß der Durchbruch gelingt. Nach der Materialschlacht (bis
26. November 1916) haben die Deutschen 400000, die Franzosen 200000
und die Briten 400000 Mann verloren (nach Ploetz).

[11] Siehe Seite 48, Anm. 6.

5   Unsere notwendige Freundschaft

Der Brief vom 12. Februar 1919[39] aus dem Elsaß, wo Teilhard nach Beendigung des Krieges stationiert ist, atmet die Ruhe nach dem furchtbaren Kriegssturm, zieht ein persönliches Resümee und deutet Zukunftspläne an. Vor allem dankt Teilhard Marguerite für ihre Freundschaft: „Du bist mir für den Krieg geschenkt worden." Als ahne er, daß die nächsten Jahre in Paris für beide auch zu einer Belastung und Krise werden können, versucht er Marguerite in der Dunkelheit, in der sie sich augenblicklich befindet, besonders intensiv auf Gott hinzulenken: „Hab unendliches Vertrauen!" Im übrigen haben beide ihre Wahl getroffen und noch einmal feierlich bestätigt: Teilhard am 26. Mai 1918 durch die Ablegung der Ewigen Gelübde in Sainte-Foy-Lès-Lyon und Marguerite am 21. November 1918 durch das Versprechen, ihr Leben dem Lehrberuf zu weihen. Teilhard hatte ihr zu diesem Vorhaben am 4. November 1918 brieflich noch einige Ratschläge gegeben[40]:

„Hier Deinen lieben Brief vom 15. vorgefunden, der mir Deinen Plan für den 21. ankündigt. Du kannst Dir gewiß vorstellen, wie sehr ich im Herzen Deine Freude teilte und wie sehr ich gleichzeitig fühlte, wie unsere Verbundenheit ‚in Xto [Christo] Jesu' noch inniger wurde, dort, wo die Verbundenheit niemals stillsteht, sondern an Innerlichkeit, Fruchtbarkeit und Schönheit unbegrenzt zunimmt.

Du sagst sehr treffend: Durch einen solchen Schritt ändert sich innerlich nichts im Leben, aber durch ihn werden die Dinge insgesamt in ihrer Tiefe erneuert. Das ‚mystische Strahlungsfeld' wird offenbar …

Denke vor unserem Herrn an das zweite Gelübde, von dem M. V. gesprochen hat. Ich glaube, auch hier läge eine Möglichkeit, für die Freude und Einheit des Lebens zu wirken. Vielleicht könntest Du nur die Klausel genauer formu-

*lieren: ,... solange es offenkundig Gottes Wille ist, daß ich
mit dem Werk der Erziehung verbunden bleibe ...' Es ist
möglich, daß dieser Schritt für Dich das Ende der inneren
Spaltung bedeutet, unter der Du leidest ... Ich bete viel, der
Herr möge die Freude und die Einheit Deines Lebens sein."*

[Goldscheuer] 12. Februar 1919

Liebe Marg!

Nach einer ausgezeichneten und gemütlichen Reise[1] bin
ich am anderen Rheinufer wieder auf das Regiment gestoßen. Lebe wohl, Stadtleben! Ich liege acht Kilometer südöst-
lich von Kehl mitten im Badener Land, und ich bin nicht
sonderlich böse darüber. Auf Empfehlung eines (übrigens
nicht fanatischen) Pfarrers habe ich bei zwei guten alten
frommen Bauern Unterkunft gefunden, die mir völlig ergeben sind; – Religion verbindet sich bei ihnen mit einer gewissen Unterwürfigkeit, wie bei allen Leuten hier. Ein
absolut flaches Land voller Hasen und Fasanen, von denen
wir den Zehent einheben. Der Schwarzwald ist nur etwa
zwanzig Kilometer weit entfernt, aber bisher hat ihn ein
leichter Nebel verborgen. Das Dorf besteht aus gleicharti-
gen und schmucken Häusern, deren jedes von einem Garten mit Obstbäumen umschlossen ist. Gestern abend
glaubte ich ein großes deutsches Weihnachtsbild zu sehen:
Mondschein und Schnee und die Lichter glänzten in den
Fenstern. Da bin ich also von Straßburg und seiner Universität abgeschnitten. Es tut mir nicht leid. Diese letzten
zwanzig Tage beim Regiment in der Stille der Felder zu verbringen ist für mich wohltuender und nützlicher, glaube
ich. Ich habe das alte 4. Gemischte Regiment mit wahrer
Freude und mit etwas Melancholie wiedergesehen. Natürlich konnte dieses Leben nicht so weitergehen ... Aber der
Krieg hatte mir schließlich in einer Atmosphäre unbeding-

ter Uneigennützigkeit und großer Aufopferung, wie ich sie zweifellos nicht wiederfinden werde, eine Reihe von ergebenen und aufrichtigen Freunden im Regiment beschert. Und dann wird das Leben der Abenteuer und der Sorglosigkeit nächsten Monat zu Ende gehen. Ich habe wohl das Recht, dies ein wenig zu bedauern. Da der Wehrkreis Nr. 13 als einer der letzten abrüstet, werde ich nicht vor dem 5. März wegkommen; – das ist nur ein Unterschied von sieben Tagen zu meinen Voraussagen. Bis dahin möchte ich ein wenig schreiben[2], wie ich Dir gesagt habe. Gleichzeitig mit diesem Brief an Dich schicke ich einen nach Lyon, in dem ich meine Studienpläne für die kommenden Monate darlege[3]. Ich werde ohne Zweifel vor Monatsende eine Antwort erhalten.

Und nun muß ich Dir wohl nicht noch einmal sagen, wie sehr ich die Tage genossen habe, die wir soeben miteinander verbrachten, und wie sehr ich darauf rechne, daß unsere notwendige Freundschaft uns in irgendeiner Form weiter stützen und sich weiter entfalten wird. Es ist wahr: Du bist mir für den Krieg geschenkt worden. Aber was wir im Laufe dieser fünf Jahre zusammen erworben haben, muß uns dienen. Und dann: Wer könnte trennen, was die Liebe zu unserem Herrn einigt? Ich habe es Dir gesagt: Ich werde Dich ohne Zweifel viel brauchen, um Dir anzuvertrauen, was ich empfinde und was ich tue. Je näher die Zeit des Verwirklichens herankommt, desto deutlicher sieht man, wie die Schwierigkeiten wachsen und die Hoffnungen schwinden. Das ist nicht der Augenblick, wo wir uns weniger helfen können.

Ich bete, daß die Schatten, die um Dich und in Dir sind – vor allem die letzteren –, bald verschwinden. Mögen Dich diese Phasen von Dunkelheit niemals aus der Fassung bringen. Da Du nun die Richtung kennst, geh unerschütterlich Deinen Weg weiter! Das Licht wird in größerer Nähe wieder auftauchen. Und was wir noch sagten: Liebe denjenigen von Herzen, der für die Augen des Glaubens[4] das ganze Netz der äußeren Ereignisse und der inneren Erfahrungen beseelt. Gibt es eine bessere Art und Weise, die innige Beziehung zu Gott zu begreifen und zu erfahren, als unseren Herrn im Herzen alles dessen zu wissen, was uns bewegt? Hab unendliches Vertrauen, und möge jede Reflexion oder jede Prüfung für Dich mit der Empfindung völliger Hingabe an die unfehlbare und liebende Führung Gottes enden. Verzichte dafür auf jede persönliche Empfindung oder selbst auf jede persönliche Pseudogewißheit.

Ich hoffe, dieser Brief wird nicht zu lange unterwegs sein. Übermittle Madame Parion[5] meine freundlichsten Grüße. Bald folgt ein Brief.

Pierre

---

[1] Teilhard war auf Heimaturlaub in Sarcenat und Paris gewesen.

[2] In der Tagebuchaufzeichnung vom gleichen Tag[41] befindet sich der Entwurf dessen, was Teilhard schreiben möchte (vgl. auch S. 51, Anmerkung 5):

„Plan. Verheißenes Land

Das soll der ganze Frieden sein!? Der Frieden, der uns leuchtete … Was bleibt uns vom Krieg? Gewiß, die Erde hat Seelen hervorgebracht; die Erde hat gewählt … mehr als das: die Erde hat ihre Fähigkeit der Vereinigung erfahren. Die Menschen haben in sich ein Vermögen der Hingabe und der Vereinigung entdeckt, enthüllt, das im Besitz eines Ideals wurzelt. – Es gibt in ihnen, wir haben es gesehen, ein moralisches Potential, eine Potenz geistigen Wachsens, die in ein kollektives Ideal *eingebracht werden kann.* Und die Menschheit hat nicht alles gegeben! Vom Kriege kann sie eine Lust (einen Vorgeschmack) für einen höheren Zustand der Hingabe und der Vereinigung bewahren … *Wer* vermöchte sie zu elektrisieren? – Christus – aber wie? Vielleicht ist die Erde, die 4000 Jahre warten mußte, um für sein erstes Kommen reif zu sein, noch nicht reif für sein „mittleres" Reich. – Ohne von einem universellen Triumph der Kirche zu träumen (der Antichrist), steht zweifellos eine umfassendere, menschlichere Form des Reiches Gottes zu erwarten. – Vielleicht muß Christus sich unter uns entwickeln, damit ihm als Basis ein umfassenderes menschliches Bewußtsein dient – das sich in der Erwartung und der Suche nach einem kosmischen geistigen Ideal herausbildet ... – Für das *himmlische Reich* Christi muß ein Verheißenes Land erreicht (herausgebildet) werden – das Land des in einer großen gemeinsamen Leidenschaft vereinten, zur Fülle gekommenen menschlichen Bemühens ...

Ohne so weit zu gehen, die Fülle Christi von einem natürlichen Omega abhängig zu machen, genügt es zu sagen, daß das Reich Jesu vielleicht erwartet, daß sich in uns ein *menschliches Bewußtsein* entwickelt (willentliche Anspannung und Vereinigung ...).“

[3] Neben den paläontologischen Arbeiten bei Marcellin Boule am Naturgeschichtlichen Museum in Paris wird sich Teilhard in den kommenden Jahren durch Prüfungen in Geologie, Botanik und Zoologie an der Sorbonne auf sein naturwissenschaftliches Doktorat vorbereiten, das er mit einer These über „Die Säugetiere des französischen Eozäns“ bestreiten will. Er ist vorgesehen für eine Professur der Naturphilosophie am Institut Catholique von Paris mit der von der Kirche und dem Orden gewünschten Aufgabe, die darwinistische Evolutionslehre zu bekämpfen. Dabei ist Teilhard bereits selbst ein „Evolutionist“.

[4] Anspielung auf das Buch „Die Augen des Glaubens“ von Pierre Rousselot (vgl. S. 57, Anmerkung 2).

[5] Vgl. S. 48, Anmerkung 6.

An Léontine Zanta

Als Teilhard aus dem Ersten Weltkrieg nach Paris zurückkehrt, lernt er durch Marguerite deren Lehrerin und Freundin Léontine Zanta kennen. War Marguerite mit Teilhard
gleichaltrig und wie er noch auf der Suche nach der eigentlichen Lebensaufgabe, so begegnet er in Léontine Zanta der
reiferen, sich ihrer selbst und ihrer Aufgabe bereits vollbe-
wußten Frau, einer führenden Feministin der zwanziger
Jahre.

Tochter eines Altphilologen und Gymnasiallehrers aus
dem Elsaß, hat Léontine Zanta wie Marguerite das staatliche Abitur gemacht und an der Sorbonne studiert – unter
anderen bei dem Philosophen Boutroux („Die Kontingenz
der Naturgesetze") und vor allem bei Bergson, dem Philosophen der „schöpferischen Evolution", dem auch Teilhard
sein philosophisches Erwachen verdankt. Zwischen Studium und Lizentiat der Philosophie 1898 verbringt sie –
zehn Jahre vor Teilhard – einige Zeit als Erzieherin in Ägypten. Wieder in Paris, unterrichtet Zanta an einer privaten
Lehrerbildungsanstalt, der Mutualité Maintenon. Am
19. Mai 1914, einem Markstein in der Frauenbewegung, besteht sie als erste Frau in Frankreich die Doktorprüfung in
Philosophie mit der These „Die Renaissance des Stoizismus
im 16. Jahrhundert". Während des Weltkriegs lehrt sie Philosophie am Lycée Buffon, wird Präsidentin der Mutualité
Maintenon und übernimmt eine führende Rolle in der
Frauenbewegung. 1919 erscheint ihr Artikel „Die frauliche
Aktivität von morgen", 1922 das Buch „Psychologie des Feminismus". Sie hält Vorträge in Holland, Belgien und den
französischen Provinzen über „Die moderne Frau und die
sozialen Fragen des 20. Jahrhunderts". In ihrem Salon lernen sich Bergson und Sertillanges, ein hervorragender Vertreter neuscholastischen Denkens, kennen. Als Mitglied

der Jury des Prix Femina hat sie Kontakt mit vielen zeitge-
nössischen Autoren. Jedes Jahr hält sie in der vorösterli-
chen Zeit „Fastenvorträge": Über das Problem des freien
Willens (1925), des Glaubens (1926), Über das religiöse Problem Blondels (1932). Wie Teilhard liebt sie das Reisen: Ei-
nes Abends, wird erzählt, als sie in Granada durch den
Salon des Hotels zum Abendessen geht, strahlt sie solchen
Charme aus, daß sich die Anwesenden wie auf ein Zeichen
hin zur stummen Huldigung erheben. „Das Leben einer
Frau ist ein Kunstwerk", heißt es in ihrer „Psychologie des
Feminismus", „das in jedem Augenblick Eingebung und
Zucht erfordert!" Von Léontine Zanta erscheinen noch
zwei Romane: „Wissenschaft und Liebe" (1921) und „Der
Teil des Feuers" (1927) sowie zwei Biographien: „Sainte-
Odile" (1931) und „Sainte-Monique et son fils" über die
Mutter des Augustinus (1941). Léontine stirbt am 14. Juni
1942, eine Frau nach dem Herzen Teilhards. [42]

6   Im Zusammenhang mit der „Frauenfrage"

*Aus China stammt der erste aus dem Briefwechsel mit Léon-
tine Zanta ausgewählte Brief vom 7. August 1923*[42a]*. Teilhard, der in den kirchlichen Kreisen von Paris wegen seines
immer deutlicher werdenden Evolutionismus aneckt und
wohl auch in ein schwieriges Verhältnis zu Marguerite Teillard-Chambon geraten ist, hat die im August 1922 an ihn er-
gangene Einladung seines Ordenskollegen Émile Licent
nach Nordchina angenommen. Er soll den Pater, der als Geograph, Geologe, Naturkundler und Ethnograph China seit
1914 bereist, auf einer Expedition begleiten und das geologische, zoologische und botanische Material für das Museum
in Paris, an dem Teilhard studiert, wie auch für Licents Museum der chinesischen Geologie und Paläontologie in Tient-*

sin sichten und präparieren. Am 6. April 1923 hat Teilhard in Marseille das Schiff Richtung China bestiegen.

Der Brief zeigt Teilhard als den naturwissenschaftlich genauen Beobachter, aber auch als den Mystiker, der in der Einsamkeit inmitten der Natur seine „Messe über die Welt", die er während des Krieges gelernt hat, weiter einübt. Teilhard entdeckt über die Geschichte der Erde und der Frühgeschichte des Lebens hinaus nun auch – angeregt durch Léontine Zanta, die historisch arbeitet? – die Geschichte der Kulturen und tastet sich – vorschnell im Urteil, aber sich dessen durchaus bewußt – an die Seele Asiens heran. Geschult durch die Gespräche mit der Feministin Zanta in Paris, beobachtet er die Frauen Asiens und ist begeistert, wenn eine Frau dahinreitet „wie eine Königin". Gerade in Asien wird Teilhard in der Ansicht bestärkt, daß Europa zu Unrecht Geist und Materie in Theorie und Praxis auseinandergerissen hat. In Wahrheit gibt es nur „Stufen wachsender Geistigkeit" und überhaupt nichts Geist-loses.

An den Ufern des Shara-Usso-Gol (Ostordos)
7. August 1923

Liebes Fräulein,

Dank für Ihren Brief vom 13. Mai, der mich erst vor einer Woche erreicht hat. Ich schreibe Ihnen unter dem Zelt (des Regens wegen!) vom malerischsten Fleck aus, den es gibt: die Sohle einer tiefen Schlucht, nahe einer mongolischen Behausung, die ins Innere einer (vor Zeiten durch den Shara-Usso-Gol abgetrennten) Schicht aus harter Erde gegraben ist. Ringsum Dünen und Steppen, wo die Pferde und die Schafe neben Gazellen weiden, von weitem gehütet durch langhaarige Mongolen mit mächtigen Stiefeln. Ich bin hier, am Ziel meiner Reise, erst nach einem weiten Umweg angelangt, da wir ja wegen der Dürre und wegen der

Räuber[1] gezwungen waren, die ganze große Schleife des Hoang-Ho nördlich zu umgehen. Als ich nach China kam, dachte ich, ich würde die große Mauer nur um weniges überschreiten. Und jetzt kenne ich tatsächlich schon eine große Ecke der westlichen Mongolei. Ich bereue diese sechs Wochen nicht, die wir auf dem Maultier quer über Berge und Wüsten dahinzogen. Abgesehen davon, daß es mir an malerischen Eindrücken nicht fehlte, haben wir[2] unterwegs beachtliche geologische und paläontologische Neuheiten gefunden, mit denen wir nicht rechneten und die wahrscheinlich mehr wert sind als alle Knochen von Nashörnern, Pferden und diversen Tieren, die wir zur Zeit gerade aus den Felswänden des Shara-Usso-Gol zutage fördern. Das klappt also, und ich bin, vom wissenschaftlichen Standpunkt aus, nicht umsonst hierhergekommen. Das ist nach außen hin die Hauptsache.

Im Grunde, Sie wissen es ja, habe ich Paris nur deshalb mit China vertauscht, um an einem Beispiel zu zeigen, wie ich die Aufgabe des Christen verstehe, und auch deswegen, um, während ich unterwegs bin und arbeite, meinen „Glauben"[3] tiefer Gestalt gewinnen zu lassen und mit größerer Kraft zu vertreten. Auch was diesen wichtigen Punkt angeht, hoffe ich, meine Zeit nicht vertan zu haben. Mit weniger Muße als während des Krieges und vielleicht auch mit weniger Frische (die Kriegsjahre bedeuteten für mich das Aufblühen meiner Gedanken – einen Honigmond des Geistes)[4] befinde ich mich seit zwei Monaten in einer vergleichbaren Isolierung; im Angesicht einer ebenso weiträumigen Wirklichkeit. Und diese beiden Bedingungen sind überaus günstig, um über das große Ganze nachzusinnen. In den großen Einöden der Mongolei (die, was den Menschen anlangt, eine erstarrte und tote Zone darstellen) sehe ich nun dasselbe wie ehedem an der „Front" (die, was den Menschen anlangt, die belebteste Zone war, die es geben

konnte): Ein einziger Prozeß ist in der Welt im Gange, der
allein unser Handeln rechtfertigen kann: das Freiwerden einer geistigen Wirklichkeit durch die Anstrengungen des Lebens hindurch. Wenn ich ganze Tage lang auf dem Maultier
meines Weges ziehe, wiederhole ich wie einst – in Ermange-
lung einer anderen Messe – die „Messe über die Welt"[5], die
Ihnen bekannt ist, und ich glaube, daß ich sie mit mehr
Klarheit und mehr Überzeugung noch als ehemals feiere.
Welch kostbare Hostie ist dieses alte Asien – im Augenblick
(wie ich glaube) eine leblose Hostie –, die aber in ihrem
Staub die Spuren so langer Mühen aufweist, deren Früchte
wir jetzt ernten! Wie ich es zu Marguerite[6] sagte, habe ich
den Eindruck, nicht mehr am Bug eines Schiffes zu stehen
(wie während des Krieges), sondern am Heck und niederge-
beugt über das Kielwasser (ich sehe die Spur dessen, was vor-
über ist): Und das ist abermals eine Weise, die Bewegung
der Welt wahrzunehmen. – Ich war in der Hoffnung nach
China gekommen, ein Sammelbecken von Denken und
Mystik zu finden, aus dem unser Abendland sich verjüngen
könnte. Jetzt habe ich das Empfinden, daß das Becken ge-
leert (oder „verstopft") ist. Die Chinesen sind (unter ihrem
modernen oder konfuzianischen Anstrich) Primitive; die
Mongolen sind im Begriff, langsam zu verschwinden, und
ihre Lamas sind fette und schmutzige Mönche. Bestehen
bleibt, daß diese Leute vorzeiten *etwas gesehen haben*, daß
sie dieses Licht aber verlorengehen ließen – und daß wir es
wiederfinden können. So hat mich der Buddha von Peking
wirklich erschüttert durch seine heitere Ruhe und seine
Majestät: Wir haben kein schöneres Bild der Gottheit! Ihrem Wesen nach, so vermute ich, sind diese Orientalen geborene Anbeter der materiellen, der naheliegenden
Mächte; versunken in dieser unteren Sphäre und einge-
schlummert. Könnten wir unseren Geist nicht ein wenig
mit dieser schweren Lebenskraft bereichern, die in ihren

Adern kreist, und dabei gleichzeitig ihnen ein Mittel zuführen, das sie belebt? Könnten wir nicht versuchen, selber zu gewinnen, indem wir sie bekehren? ... Ich habe nicht bemerkt, daß die Missionare die geringste Vorstellung von so etwas hätten. Aber ich bin wahrhaftig ein bißchen zu kurz in China, als daß ich es wagen könnte, ihnen am Zeug zu flicken. Das soll aber nicht heißen, daß ich nicht, etwa bei meiner Rückkehr, etwas darüber schreiben möchte ...

Ich denke oft an Sie – schon aus Freundschaft, aber auch im Zusammenhang mit der „Frauenfrage", wenn ich die Frauen hier sehe. Die Chinesinnen sind unter aller Kritik. In diesen abgelegenen Provinzen haben sie fast alle noch verkrüppelte Füße, und es ist ein Jammer, zu sehen, wie sie sich auf diesen Stümpfen (die Beine sind ganz atrophisch) wie auf zwei Stecken vorwärtsbewegen. In geistiger Hinsicht scheinen sie ausgemachte Sklavinnen zu sein, in ihren Denkfähigkeiten ebenso sorgfältig lahmgelegt wie in ihrem Gehvermögen. – Mit den Mongolinnen ist das etwas ganz anderes: Sie blicken einem unter ihren Diademen aus Korallenperlen frei in die Augen, und sie reiten wie die Männer. Man erzählte mir von einer Kleinen, die mit ihren zwölf Jahren den Pferden die Füße anpflockt, und von einer Christin, die mit drei Kindern auf ihrem Reittier zur Messe kommt! Ja, das ist eine schöne Rasse. Wie schade, daß sie langsam ausstirbt – aus Mangel an Kindern (die ältesten werden den Lamaklöstern gelobt, und es ist Brauch, Chinesen zu adoptieren) und weil, wie überall, der Hirte dem Akkerbauern (dem Chinesen) weicht. – Ich entsinne mich, einer Familie auf Reisen begegnet zu sein; offensichtlich gehörten sie zu den Vornehmen, den Stickereien, dem Schmuck und der roten Farbe des Männerhutes nach zu urteilen: eine Frau, zwei Männer und ein bezaubernder Junge, etwa zwischen 12 und 15 Jahren, die sich im wiegenden Schritt ihrer Kamele in der Steppe vorwärtsbewegten. Nun, die Frau ritt voran wie eine Königin. Ich sagte mir, daß Sie das wohl gerne gesehen hätten.

Ich bin froh, daß die Vorlesungen von Le Roy[7] so gewesen sind, wie Sie sagen. Nach Ihrer zusammenfassenden Darstellung scheint mir, daß die Scheidung Geist–Materie, die er für gut befindet, zu unvermittelt ist. Ich neige zu der Annahme, daß die Materialität (großenteils) eine *relative* Sache ist: Für ein Wesen ist das materiell, was weniger geistig ist als es (wie die Nacht finster ist, wenn man sie, das Licht *im Rücken,* betrachtet, aber hell, wenn man auf das Licht zu blickt). – So gibt es unzählige Stufen wachsender Geistigkeit. Der Mensch führt die Welt der niedrigeren Wesen mit sich zu Gott zurück: Die Sünde liegt darin, wieder darin unterzutauchen; die Tugend darin, sie mitzureißen.

Leben Sie wohl. Ich denke, die Ferien werden Ihnen gutgetan haben. Niemand kann sich vorübergehenden Depressionen entziehen; aber Sie dürfen niemals daran *zweifeln,* welchen Wert vor Gott Ihr Bemühen um ein vollkommeneres Denken besitzt: Es ist das große Gebet.

Getreulich Teilhard S. J.

[1] Als Teilhard nach China kommt, ist das chinesische Reich zerfallen. In den Provinzen herrschen unabhängige Militärgouverneure, von der angelsächsischen Presse Warlords genannt. Sie verfügen über eigene Ressourcen und Armeen, verbünden und verfeinden sich miteinander, lassen sich von den ausländischen Mächten – Japan, England, Frankreich, Rußland – protegieren und drangsalieren vor allem die Landbevölkerung. Die umherziehenden Truppen plündern. Korruption, Terror und Banditentum breiten sich aus. Auf dieser Expedition haben Teilhard und Pater Licent dank eines Briefes des Geologischen Dienstes von Peking und der persönlichen Beziehungen von Pater Licent zwar eine Audienz bei General Ma Fu-sian, der über das ganze Gebiet herrscht, erhalten und auch entsprechende Passierscheine, trotzdem mußten sie wegen zahlreicher Banden ihre Reiseroute ändern und Umwege in Kauf nehmen[43].
[2] „Unsere Karawane umfaßt zehn Maultiere, drei Esel, fünf Eseltreiber, dazu Licent und mich und zwei Diener, nicht gerechnet die beiden Begleitsoldaten. Im ganzen zehn Gewehre, die uns zu Wildpret verhalfen.“[44]

³ Teilhard ist sich bereits deutlich bewußt, daß sein „*Glaube*" über den traditionellen christlichen Glauben hinausgewachsen ist, im Sinne des Briefes, den er vierzigjährig am 5. Januar 1921 einem ungläubigen Freund geschrieben hat, der ihm geraten hatte, die Kirche und den Orden zu verlassen[45]:

„Trotz des uneingestandenen und instinktiven Verlangens, das ich in gewissen Stunden verspüren konnte, einen positiven Grund zu finden, um ‚alles fallen zu lassen', kann ich nicht umhin zu sehen: ‚Es wäre für mich ein biologischer Mißgriff, die religiöse Strömung des Katholizismus zu verlassen.' … Vorausgesetzt, diese religiöse Form wäre noch viel weiter von der Wahrheit entfernt, als wir denken, bliebe, daß sie die am weitesten gelungene Annäherung ist, die es für diese Wahrheit gibt – und daß, um höher zu gelangen, man sie übersteigen muß, indem man mit ihr glaubt, nicht, indem man hinausgeht, um seinen Weg allein zu suchen … Der Papst und alle Bischöfe zusammen sind ohnmächtig, uns genau alles zu sagen, was es in Christus gibt. Christus (sein Leben, sein Wissen) sind in der ganzen Kirche (Gläubige und Hirten) aller Zeiten niedergelegt. Damit Christus schließlich begriffen wird, braucht es die Anstrengung aller Christen bis ans Ende der Zeiten; und kein Konzil könnte diese lange Reifung abkürzen … Das Dogma entwickelt sich wie ein Mensch, der mit vierzig Jahren derselbe ist wie mit zehn Jahren, aber dessen Form mit vierzig Jahren nicht aus der von zehn Jahren deduziert werden kann … Ich glaube, daß die Kirche noch ein Kind ist. Christus, von dem sie lebt, ist unermeßlich viel größer, als sie sich ihn vorstellt; und deshalb werden noch in Tausenden von Jahren, wenn das wahre Antlitz Christi ein wenig mehr enthüllt sein wird, die Christen noch immer ohne Zögern das Credo sprechen."

⁴ Das bezeugen die drei Tagebücher 1916–1920, der Briefwechsel mit Marguerite Teillard-Chambon sowie die „Frühen Schriften".

⁵ Am 8. Juli 1918 hatte Teilhard im Gebiet zwischen Compiègne und Soissons, in den Wäldern der Aisne, den Text „Der Priester" geschrieben, der so beginnt: „Herr, da ich heute, ich, dein Priester, weder Brot noch Wein, noch Altar habe, will ich meine Hände über das All des Universums breiten und seine Unermeßlichkeit zur Materie meines Opfers nehmen."[46] Léontine Zanta wird diesen Text gekannt haben. Jetzt arbeitet Teilhard ihn um und gibt ihm den Titel *„Die Messe über die Welt"*. Er beginnt: „Herr, da ich wieder einmal, nicht mehr in den Wäldern der Aisne, sondern in den Steppen Asiens, weder Brot noch Wein, noch Altar habe, will ich mich über die Symbole bis zur reinen Majestät des Wirklichen erheben und Dir als Dein Priester auf dem Altar der ganzen Erde die Arbeit und die Mühsal der Welt darbringen."[47]

⁶ Seine Cousine Marguerite Teillard-Chambon (siehe Seite 35)

⁷ Die Bedeutung Édouard Le Roys (1870–1954) für Teilhard de Chardin kann nicht hoch genug eingeschätzt werden. Von 1914 bis 1920 Stellvertreter Bergsons am Collège de France, danach ordentlicher Professor von

1921 bis 1941 und seit 1945 Mitglied der Académie française, ist er ab 1921 Teilhards philosophischer Berater und Freund in Paris. Als Teilhard 1925 von den kirchlichen Behörden gemaßregelt wird, findet er Verständnis bei dem katholischen Laien Le Roy, der seit seinem Buch „Dogma und Kritik" (1906) Erfahrung im Umgang mit der kirchlichen Zensur hat. Le Roy kennt Teilhards Schriften, hat sich doch eingebürgert, daß beide wechselseitig ihre Ideen austauschen und ihre Projekte besprechen. „Ich sehe Le Roy weiterhin regelmäßig", heißt es am 10. Januar 1926 an Auguste Valensin, einen Freund Teilhards. „Es ist wirklich wahr, dieser Mittwochabend ist für mich eine der besten ‚geistlichen Übungen' jeder Woche geworden. Ich kehre immer besser und wieder aufgemuntert zurück." Teilhard erwähnt Le Roy in „Die Hominisation", beide verwenden gleichzeitig und erstmals den neu geschaffenen Ausdruck „Noosphäre", um die Eigentümlichkeiten der Menschenwelt im Rahmen einer evolutiven Welt zu kennzeichnen. In beiden Büchern, in denen Le Roy seine Vorlesungen am Collège de France 1925/26 wiedergibt – „Das idealistische Erfordernis und die Tatsache der Evolution" und „Die menschlichen Ursprünge und die Evolution der Intelligenz" –, betont er die enge Zusammenarbeit mit Teilhard: „Die Ansichten, die wir vorlegen werden, ... haben wir, er und ich, so häufig und so eingehend miteinander diskutiert, daß wir dahin gelangt sind, sie in derselben Ordnung untereinander zu verknüpfen, so daß wir nunmehr selbst nicht mehr eine genaue Scheidung unserer jeweiligen Beiträge durchzuführen vermögen." Das wird 1931 dazu führen, daß Rom Le Roys Werke auf den Index setzt, um Teilhard zu treffen. Le Roy unterschreibt einen Widerruf, „dessen Sinn er nicht verstehe", doch wollte er seinen Willen kundtun, nicht mit der Kirche zu brechen[48].

7   Weil ich fern und einsam bin

Der Brief vom 12. Dezember 1923[49] – Teilhard hat seinen Aufenthalt in China um sechs Monate verlängert – deutet an, wieviel Teilhard den Frauen, Léontine Zanta und seiner Cousine Marguerite Teillard-Chambon, verdankt, aber auch, daß eine weitere Trennung von beiden nötig scheint. Sie kann allen drei dazu dienen, ihr gegenseitiges Verhältnis zu klären und einen jeden auf die ihm von Gott zugewiesene Aufgabe zu konzentrieren. Teilhard hat als Ordensmann das Gelübde der Ehelosigkeit abgelegt, das nach Auffassung einiger geistlicher Lehrer auch den Verzicht auf die Freundschaft mit Frauen einschließt. Darauf spielt Teilhard an, auch wenn er darüber bereits anders denkt (siehe S. 20 f.). Ebenso wichtig ist ihm, daß Léontine sich durch nichts davon abbringen läßt, in ihren schriftstellerischen Arbeiten „leidenschaftlich auszusprechen, was Sie von der Frau erwarten": es geht um das neue feministische Frauenbild. Trotz aller Unzulänglichkeit wird jeder, der gibt, was in seinen Kräften steht, seinen Beitrag zur weiteren Entwicklung des Universums leisten und dadurch an Gottes Schöpferkraft teilhaben und mit ihm verbunden sein.

Tientsin, 12. Dezember 1923
Hautes Études, Race Course Road

Liebes Fräulein,

ich bin Ihnen auf drei Briefe Antwort schuldig: auf die Postkarte vom Lioran[1] (die so gute Erinnerungen in mir wachrief), den Brief aus Chantilly[2] (vom 2. September) und schließlich den aus Neuilly[3] (vom 23. Oktober). Es ist wirklich sehr liebenswürdig von Ihnen, mir so oft zu schreiben und so von Zeit zu Zeit durch einen ausführlichen Brief für einen Ersatz unserer Plaudereien in Neuilly zu sorgen, die mir in zweifacher Hinsicht sehr fehlen: Sie taten wohl und waren mir von Nutzen. Sie haben mich genötigt, vieles zu überdenken, und mir dabei geholfen, derweil die schöne rote oder goldene Sonne hinter Ihren Balkonpflanzen sank! Ich denke, daß jene Stunden wiederkehren werden. In der Zwischenzeit, wenn mir die Abende in Tientsin ein bißchen kalt und grau vorkommen (dem Herzen noch mehr als den Augen und der Haut), überlege ich, daß der Herr, neben anderen Absichten, mein jetziges Fernsein auch deswegen gewollt hat, um mir eine Weile solche beglückende Freuden zu entziehen. Ich war in Gefahr, mich in ihnen zu verlieren und mich nicht mehr, durch alles hindurch, einzig auf ihn

zu stützen (wie ich es doch in meinem Gelübde verspro-
chen habe). Und ich ermuntere mich, ein wenig zu fasten,
mit der zuversichtlichen Hoffnung, der Herr werde, gerade
weil ich fern und einsam bin, meinen Platz einnehmen bei
Freunden so wie Sie – es würde für sie ein sehr vorteilhafter
Tausch sein.

Ich war froh darüber, aus Ihrem letzten Brief zu ersehen,
daß Sie trotz der Plackerei des Unterrichtens der persönlichen Arbeit treu geblieben sind. Lassen sie Vittoria Colonna[4] nicht zu sehr ruhen (ich zähle sehr auf sie), und
warten sie nicht zu sehr darauf, die letzten Dokumente
über sie zu erhalten, um sie Gestalt annehmen zu lassen.
Schließlich ist Handschriftenkunde nicht Ihr Fach! Sicher,
der geschichtliche Hintergrund Ihrer Studie muß solid sein.
Aber meiner Meinung nach sollte Vittoria Colonna vor allem ein Symbol für Sie sein, um, von ihr ausgehend, leidenschaftlich auszusprechen, was sie von der Frau erwarten.
Schreiben Sie es, wie Joergensen[5] seinen heiligen Franziskus
oder seine Katharina von Siena schrieb (wenn nicht wie
Schuré[6] seine „Mona Lisa"). Damit werden Sie einen weiteren wichtigen Schritt auf den einflußreichen Platz hin getan haben, den Sie einnehmen möchten, um Ihr „Anliegen"
voranzutreiben. Ich verstehe Ihre Ängstlichkeit, Sie könnten der Größe der Aufgabe nicht gewachsen sein. Das ist
eine der großen menschlichen Nöte. Man muß dieser Not
ins Auge blicken, in der Wahrheit und im Lichte Gottes;
wir leben ja in dieser Sonne. Verlieren Sie sich nicht in un-
nütze Grübeleien darüber, was Sie wohl taugen mögen.
Sondern sagen Sie sich ein für allemal, daß Gott für das Ge-
lingen des unermeßlichen Schöpfungswerkes nur dieses einen bedarf: daß Sie *Ihr Bestes* tun. Sobald Sie geben, was Sie
vermögen, sind Sie *aufs innigste* mit dem schöpferischen
Wirken vereint: Sie könnten gar kein nützlicherer Diener
sein. Verstehen sie das recht, es ist sehr wesentlich: Nur ei-

nes ist im Dasein von Bedeutung (auf daß unser Leben ausgefüllt sei), genau den von Gott gewollten Platz einzunehmen, der da in jedem Augenblick gekennzeichnet wird durch das Gleichgewicht, das sich zwischen unserer Anstrengung (Erfolg zu haben und zu wachsen) und dem Widerstand der Dinge (die uns eingrenzen) einstellt. Auf eben diesem Platz sind wir ein treues und höchst nützliches Atom im Universum und wahrhaft mit dem Leib und dem Herzen Christi verbunden. Weil wir nicht über unsere Eingebung und unseren Verstand hinauskönnen, haben wir überdies, vergessen Sie das nicht, die Möglichkeit, unseren guten Willen und unseren Glauben zu intensivieren. Je weiter ich komme, um so mehr denke ich, daß, von daher gesehen, unser Vermögen geradezu wunderbar ist. Je weniger stark und selbstsicher Sie sich fühlen, um so mehr müssen Sie in sich die Schau des allgegenwärtigen Wesens vertiefen, dem Sie ihr Streben geweiht haben. Die bescheidenste Anstrengung, wird sie nur in diesem liebenden Bewußtsein vollbracht, (wirklich der Natur nach) in Christo zu handeln, hat (das ist der grundlegende Glaube des Christen) einen Widerhall in den wahren Fibern der Welt, den eine rein „menschliche" Erschütterung nie hervorrufen könnte. Mit alledem möchte ich Ihnen sagen: Gleichen Sie die Unzulänglichkeiten, die Sie verspüren, aus durch eine Steigerung des inneren Lebens und der „mystischen Schau".

Und dann (ich weiß nicht, ob ich es Ihnen nicht schon gesagt habe) verschwenden sie nicht zu viel Zeit darauf zuzuhören, was die anderen sagen, und ständig von vorn die Grundlagen Ihres Tuns zu untersuchen. Ich empfinde, wie Sie, daß es, metaphysisch gesehen, möglich wäre, daß das Universum auf der Stelle tritt und daß die Bestrebungen der Menschheit in Nichts verpuffen. Wie Sie könnte ich überdies, wenn man diese Frage isoliert betrachtet, zur Ungewißheit neigen hinsichtlich dessen, was nach dem Tode von unserem Bewußtsein bleibt. Aber sehen Sie: Ich habe wahrgenommen und die Erfahrung gemacht, daß es ein sinnvolles Leben nur gab im überströmenden Glauben an ein Universum, dessen gesamte Bewegung uns zu einer letzten Vereinigung drängt. Seither bin ich nur darauf bedacht, diesen Glauben zu leben und zu verwirklichen. Um ihm Genüge zu tun, glaube ich unverbrüchlich an einen Fortschritt, und ich sehe die, welche ihn verneinen, wie schädliche Ketzer an. Und um mich hinsichtlich des verwirrenden „Jenseits" zu beruhigen, schließe ich die Augen in den Armen des Größeren, das mich mit sich reißt. Ich kann mir nicht denken, daß einer etwas zu fürchten hat von der Kraft, welche die Welt lenkt, der sich's immer angelegen sein ließ, sich ihr anzuvertrauen. Wir werden drüben etwas sehr Neues sein. Aber sicher werden wir noch wir selber sein, nur besser.

Über mein Leben in Tientsin [7] gibt es wenig zu berichten. Marguerite wird Ihnen gesagt haben, daß ich meinen Aufenthalt in China um sechs Monate verlängert habe. Ihr diesen Kummer zu machen hat mich bei diesem Entschluß am meisten gekostet. Aber ich wäre ihrer Freundschaft nicht würdig, wenn ich nicht ihretwegen getan hätte, was mir das Beste schien. (Das alles gilt entsprechend auch für Sie, gelt?) [8] Es handelt sich, wie Sie vermutlich wissen, um eine zweite Reise „in die Tatarei" [9], die im Frühling unternommen werden soll (was meine Rückkehr auf den Sommer hinausschiebt). Ich hatte zunächst einige Bedenken, mich auf diese neue Expedition einzulassen. Aber nun ermuntern mich sowohl M. Boule [10] (in einem Brief, den ich zugleich mit dem Ihren erhielt) als auch meine Oberen ausdrücklich dazu, sie zu unternehmen. Da gibt es also kein Zögern mehr. Das Langweiligste wird sein, den Winter auszufüllen. Aber mit einigen Reisen nach Peking und einigen Aufsätzen und dem Abkratzen einiger Fossilien wird die

Zeit rasch verfliegen. In einer Hinsicht tut mir dieses Einsiedlerleben gut, indem es mich ausschließlicher auf das Göttliche zurückwirft. Aber auch Ihre Briefe werden mir immer guttun.

In Treue   *P. Teilhard S. J*

---

[1] *Le Lioran*, ein in der Auvergne inmitten der Monts du Cantal (siehe Seite 51, Anm. 1) gelegener Erholungsort in waldreicher Umgebung, nicht weit von Murat, dem Herkunftsort der Teilhards. In der Nähe von Lioran befindet sich auch Le Chambon, das Anwesen von Marguerite Teillard. Léontine hat über das Bauernleben der Gegend, wo sie Ferien machte, den Artikel „Quer durchs Gebirge" geschrieben.

[2] *Chantilly*, etwa fünfzig Kilometer nördlich von Paris, im 17. und 18. Jahrhundert die Residenz der Fürsten von Bourbon-Condé, ist wegen seines Schlosses mit Gemäldegalerie und Bibliothek sowie wegen seiner Pferderennen berühmt.

[3] Léontine Zanta wohnte im Pariser Stadtteil *Neuilly* in der Avenue de Madrid Nr. 7.

[4] Die Dichterin *Vittoria Colonna* (1492–1547) war die Freundin Michelangelos. Léontine Zanta wird dieses Buch nicht vollenden.

[5] Der dänische Dichter Johannes *Joergensen* (1866–1956) trat 1896 auf einer Italienreise zum Katholizismus über und lebte später in Louvain, Siena und Assisi. 1907 erschien seine Heiligenbiographie über Franziskus von Assisi (deutsch und französisch 1910) und 1915 die über Katharina von Siena (frz. 1920).

[6] Der französische Kritiker und Schriftsteller Edouard *Schuré* (1841–1929) hat sich unter dem Einfluß von Marguerite Albana-Mignaty zunehmend mit Mystik und Theosophie beschäftigt. Teilhard hat während des Ersten Weltkrieges „Die großen Eingeweihten" (frz. 1889, dt. von Rudolf Steiner 1925) gelesen. Hier spielt er vermutlich auf „Die Propheten der Renaissance. Dante, Leonardo da Vinci (dem Maler der *Mona Lisa*), Raffael, Michelangelo, Correggio" (frz. 1920) an. Schuré ging es wie Teilhard um eine Synthese zwischen Naturwissenschaft und Philosophie.

[7] *Tientsin*, etwa 150 Kilometer von der im Landesinneren gelegenen Hauptstadt Peking entfernt, ist der Haupthandelshafen Nordchinas. Dort hatte der Jesuit Émile Licent in einem Flügel der „École des Hautes Études", eine 1923 von Jesuiten der Ordensprovinz Champagne gegründete Ausbildungsanstalt für Volkswirtschaftsstudenten der ersten Semester, das „Musée Hoang-ho-Pai-ho" eröffnet mit seinen naturgeschichtlichen Sammlungen, für die er weiter Funde suchte. Teilhard ist ihm zur Hilfe (und auch zur wissenschaftlichen Beratung) geschickt worden, was zu Spannungen zwischen den beiden führt.

[8] Teilhards Cousine *Marguerite* Teillard-Chambon gibt folgenden Grund

für Teilhards verlängerten Aufenthalt an: „Als Pierre Teilhard, der zuerst für den Herbst eine Rückkehr nach Europa vorgehabt hatte, am 13. Oktober 1923 wieder nach Tientsin gefahren ist, sieht er sich durch die Ergebnisse seines ersten Feldzuges verpflichtet, seine Forschungen weiterzuverfolgen und eine neue Frühjahrsexpedition ins Auge zu fassen. Es bietet sich ihm in der Tat ein unendliches, beinahe gänzlich neues Feld, dessen gesamte Reichtümer er zu ahnen beginnt. Wie sollte er die kaum eröffnete Partie im Stiche lassen? Er bittet Marcellin Boule und den Rektor des Institut Catholique von Paris um Verlängerung seines Urlaubes und schlägt seine Winterquartiere abwechselnd in Tientsin und Peking auf."[50]

[9] Diese zweite Expedition „in die Tatarei" (die Tataren sind ein mongolischer Volksstamm in Mittelasien) dauerte von April bis Juni 1924 und führte in die östliche Mongolei an den südlichen Rand der Wüste Gobi.

[10] *Marcellin Boule* (s. S. 109, Anm. 6) ist Professor der Paläontologie am Naturhistorischen Museum in Paris, Teilhards wissenschaftlicher Vorgesetzter.

8 Das Ganze sehen

Der folgende Brief vom 15. Oktober 1926[51]*, wieder aus Tientsin, ist deshalb so erstaunlich, weil er nichts von den seelischen Erschütterungen ahnen läßt, die Teilhard seit dem vorhergehenden Brief vom 12. Dezember 1923 durchgemacht hat. Der jetzige Brief stammt nicht mehr aus seinem ersten, freiwilligen Forschungsaufenthalt in China und Tientsin, sondern bereits aus der Zeit seines chinesischen Exils, das von April 1926 bis zum Mai 1946 dauerte. Von Oktober 1924 bis April 1926 war Teilhard wieder in Paris. Was war da geschehen? Ein Papier über die Erbsündenlehre, worüber Teilhard 1922 in der Jesuitenhochschule in Enghien (Eggenhoven) bei Löwen einen Vortrag gehalten hatte, war nach Rom zum Ordensgeneral Ledochowski gelangt. Auch Kardinal Merry del Val vom Heiligen Offizium war informiert: Teilhard leugne das Dogma von der Erbsünde. In Wirklichkeit hatte Teilhard nur versucht, dieses Dogma in Einklang mit den naturwissenschaftlichen Erkenntnissen über die Entstehung des Menschen (keine „paradiesischen Zustände") und* mit der christlichen Verantwortung für die erlöste Welt (sie ist nicht total verderbt, sondern der geheimnisvolle Leib Christi: im Sinne der „Messe über die Welt", siehe S. 71, Anm. 5) zu interpretieren. Doch auch diese Gedanken waren für Rom zu neu und kühn. Teilhard wurde aufgefordert, „niemals mehr etwas gegen die traditionelle Ansicht der Kirche über die Erbsünde zu sagen oder zu schreiben". Da Teilhard Einwände erhob, versetzten ihn seine Oberen sicherheitshalber wieder nach China, wo es anscheinend wenig Gelegenheit gibt, sich zu theologischen Fragen zu äußern.

Teilhards Brief klingt nun so, als wäre nichts geschehen, als hätte es keinen inneren Kampf auf Leben und Tod gegeben, in dem er sich schließlich unter Zweifeln für den Gehorsam entschloß: „O Freund, sagen Sie mir, daß ich meinem Ideal nicht untreu bin, wenn ich gehorche", schrieb er am 16. Mai 1925 an Auguste Valensin[52].

Dieser Brief ist statt eines Klageliedes das Hohelied des Menschen, der aus Liebe zur Materie auf die materiellen Genüsse dieser Welt verzichtet, um sich, losgelöst von allen unfrei machenden Bindungen, mit um so größerer Freiheit dem Dienst an der Weiterentwicklung der Welt zu weihen. Das wäre Franziskus heute! Und diesen Weg wäre Teilhard gern mit Gleichgesinnten gegangen! Doch er ist schon glücklich, daß er wenigstens eine Briefpartnerin hat, der er von seinem „namenlosen Glück" berichten kann, das er erfährt, wenn er sich „in Gesteine und Fossilien vergraben" hat. Gegen Schluß meldet sich ein Teilhard zu Wort, der mehr und mehr nach der historischen Dimension (vgl. S. 66) nun auch (unter dem Einfluß von Ida Treat, siehe S. 91) die politische Welt kritisch zu betrachten lernt.

Liebe Freundin,

ich habe Ihren freundlichen lieben Brief vom 15. September letzten Sonntag bei der Rückkehr von einer dreiwöchigen Reise in den Nordwesten von Peking vorgefunden, einer Reise, von der ich eine ansehnliche Zahl an Fossilien und geologischen Beobachtungsergebnissen heimgebracht habe. Da ich Sie gut genug kenne, war ich nicht böse darüber, zu erfahren, daß Sie während dieser Ferien vom Äußeren her ein wenig verwöhnt worden sind; gleichzeitig gefiel mir der Nachdruck, mit dem Sie jenen das Urteil sprechen, die in der Behaglichkeit versinken und darin aufgehen. Zweifellos ist es schwierig, das rechte Mittelmaß im Besitz und Gebrauch der Materie zu kennen und einzuhalten. Aber ich glaube beharrlich daran, daß es besser ist, man versucht sie umzuwandeln, als daß man sich von ihr lossagt. Mich dünkt, der moralische Verfall der Leute, von denen Sie mir sprechen, kommt nicht daher, daß sie die Materie ergreifen, sondern daher, daß sie sie unvollständig ergreifen, in kleinen, leicht zu fassenden Stückchen, statt sich ihr entschlossen in ihrem ganzen Reichtum, ihrem heiligen Geheimnis und ihrer unvergleichlichen Majestät zu nähern. Der Genießer mißbraucht das Greifbare, weil er es in so kleine Stückchen zerbröckelt, daß er sich einbildet, sein Besitzer und Meister zu sein. Wenn er die Größe dessen, was er entweiht, im Ganzen zu betrachten wüßte, fiele er statt dessen in die Knie. Das Grundübel, an dem wir leiden (und ich glaube, daß dieses Übel deshalb grundlegend ist, weil es gerade das Fehlen, die Vorahnung und die Ankündigung derjenigen Tugend oder Eigenschaft darstellt, die von unseren augenblicklichen Fortschritten gefordert wird), ist die Unfähigkeit, das Ganze zu sehen. Fügen Sie diese neue Perspektive jenen Tendenzen hinzu, die uns im Augenblick am meisten beunruhigen, und sie werden sich zu großartigen sittlichen Kräften verwandeln. Mitunter ergreift mich ein unbestimmtes und undeutliches Verlangen, mir eine kleine Zahl von Freunden zuzugesellen und, über alle üblichen Konventionen hinweg, das Beispiel eines Lebens zu geben, in dem nichts zählt als die ausschließliche Hinwendung und die Liebe zur *ganzen* Erde. Was ich Ihnen hier sage, hört sich recht heidnisch an und scheint weit unter dem Beispiel unbedingter Entäußerung zu stehen, das uns einst ein heiliger Franziskus gab. Im Grunde (und ohne einen Vergleich zwischen den Personen natürlich!) frage ich mich, ob das nicht, im Gegenteil, die Bewegung der mittelalterlichen Bekehrungen in ihrem eigentlichen Geist wiederaufgreifen hieße. Haben wir das nicht so manches liebe Mal miteinander wiederholt? Es scheint, daß die Menschheit sich nicht mehr für Gott begeistern wird, bis man ihr diesen Gott gezeigt hat am Ziel einer Bewegung, die unseren Dienst an der konkreten Wirklichkeit fortführt, anstatt uns ihr zu entreißen. Ach, wie gewaltig wäre die Macht des Wirklichen, uns aus unserer Selbstsucht aufzurütteln, verstünden wir nur, es in seiner wunderbaren Größe zu erblikken!

Ja, meine Liebe, ich beneide Sie ein bißchen darum, daß Sie in den Reiz der starken und kernigen Atmosphäre von Paris zurückgekehrt sind. Nirgendwo in der Welt besitzt wohl die geistige Schicht, in die sich die Erde hüllt, eine derartige Spannung ... Ich bin indessen in Tientsin nicht unglücklich. Diese schöne herbstliche Stille, in die ich mich nach sieben Monaten fortwährender Betriebsamkeit zurückversetzt finde, kommt mir köstlich vor, und ich fange an, sie zu nützen, um neben der geologischen die gedankliche Arbeit wiederaufzunehmen. Gott bewahre mir diese tiefe Neigung und diese Art hellsichtiger Trunkenheit, die mich berauscht sein läßt an der Freude des Seins, von der ich trinke wie an einer ewigen Quelle. Mitunter, wenn ich mich recht in Gesteine und Fossilien vergraben habe, empfinde ich ein namenloses Glück bei dem Gedanken, daß ich, in einem totalen, unbestechlichen und liebenden Element, das höchste Uranfängliche besitze, in dem alles Bestand und Leben hat. „Per quem omnia semper bona creas, sanctificas, vivificas, et praestas nobis …"[1] heißt es in der heiligen Messe. Welche Wissenschaft und welche Philosophie lassen sich mit der Kenntnis jener Wirklichkeit vergleichen, und zumal mit ihrer Wahrnehmung, sei sie noch so bescheiden und stümperhaft! … Gott möge uns, Ihnen und mir, diese Gabe verleihen und erhalten. Wenn man dieses Licht und dieses Feuer in sich trägt, kann man überall durchkommen, indem man sich hell macht und sich von allem nährt.

Meine Zukunftspläne bleiben sehr vage. Ich glaube indessen, daß es besser ist, wenn ich den Februar oder März abwarte, um einen Entschluß zu fassen: Frühjahrs-Unternehmung, wenn China sich beruhigt; Rückreise, wenn die Arbeitsmöglichkeiten aufhören. Politisch ist die Situation verworrener denn je. Es steht so, daß die Anhänger des Bolschewismus die Oberhand über den Yangtse wiederzugewinnen scheinen. Ich fange an, zu glauben, daß ihr Erfolg das Zeichen für die Neuordnung Chinas wäre, aber auf dem Rücken der Europäer. Kanton und die Kuomintang sind sehr fremdenfeindlich; aber anscheinend stellen sie die einzige Gruppe in China dar, die von höheren Ideen bewegt wird und die fähig ist, das Land von dem militärischen Banditenwesen zu reinigen, das es ins Verderben stürzt[2].

Ich bin froh, daß Sie zu schreiben fortfahren. Bewahren sie sich in Ihrem so arbeitsreichen Leben, wenn möglich, eifersüchtig den Raum für das persönliche Forschen und Schaffen. Und teilen Sie mir von Zeit zu Zeit mit, was aus Ihnen wird. Ihre Briefe sind mir immer eine Freude; und

wenn ich sie lese, stelle ich mir vor, ich säße in der Ecke am
Tisch, neben dem schönen blauen Schmetterling.
Ich bete jeden Tag für Sie.
Ihr   *P. Teilhard S. J.*

[1] „Durch ihn (Christus) erschaffst du, Herr, immerfort all diese Gaben,
heiligst, belebst, segnest und gewährst sie uns" (Kanon der damaligen römischen Meßfeier).
[2] Noch während Teilhard in Paris weilte, starb der Führer der Kuomintang, der Nationalchinesischen Volkspartei, Sun Yat-sen, am 12. März
1925 in Peking, wo er mit den Warlords (siehe S. 70, Anm. 1) wegen einer
friedlichen Einigung Chinas verhandelte. In den Nachfolgekämpfen spaltete sich die Kuomintang in einen rechten und linken Flügel. Als starker
Mann ging aus einem Militärputsch General Chiang Kai-shek hervor. In
Namen der „Nationalregierung der Republik China", die in Kanton errichtet wurde, begann er im Juli 1926 mit Unterstützung von fünf Warlords
und der von den Kommunisten, vor allem von Mao Tse-tung, organisierten Bauernbewegung den Nordfeldzug gegen die übrigen Militärmachthaber, der zwei Jahre dauern wird.

9   So habe ich mich Ihnen anvertraut

*Den folgenden Brief vom 24. Juni 1934[51] schreibt Teilhard
aus dem „Nationalen Geologischen Dienst Chinas" in Peking, dessen Mitglied er geworden ist. Ein Zeichen dafür,
daß sich sein Ruf als guter Kenner der Geologie und Paläontologie Chinas gefestigt hat, trotz längerer Zwischenaufenthalte in Paris (August 1927 – November 1928), in Paris und
den USA (September 1930 – März 1931) und wieder in Frankreich (September 1932 – März 1933). Auch international ist er
anerkannt, er erhält Forschungsaufträge und Einladungen
zu Expeditionen und ist 1929 Mitentdecker des Peking-Menschen von Choukoutien.*

Dieser Erfolg als Wissenschaftler macht Teilhard selbstbewußter auch gegenüber seinem Orden und Rom. Er akzeptiert seine Außenseiterrolle, läßt sich trotz innerer Spannun-

*gen in seinem neuen Christenglauben nicht irremachen
und hört auch nicht auf, darüber zu schreiben und die Artikel an Freunde zu schicken. So wächst insgeheim auch sein
Einfluß als „neuer Theologe".*

The National Geological Survey of China
24. Juni 1934

Meine liebe Freundin,

als ich vor fünf Tagen aus dem hintersten Szechwan[1] zurückkehrte, fand ich Ihren Osterbrief vor, der wie eine sehr
sanfte Brise bei mir eintrifft. Unnütz, Ihnen zu versichern,
daß ich mich seit Monaten ständig mit dem sehr klaren Gedanken trage, Ihnen zu schreiben. Doch dabei ist es auch geblieben! ... Danke für das Photo. Und vor allem Dank für
Ihre Freundschaft und Dank für die Ruhe und Heiterkeit,
die Sie mit dieser Freundschaft ausstrahlen. Was sind Sie
doch etwas Kostbares und *Seltenes!*, und wie gerne möchte
ich doch nach so langer Zeit bei Ihnen ein wenig neue
Kräfte sammeln!

Was kann ich Ihnen in einem Brief schreiben, wie Ihnen
deutlich machen, wo ich dran bin, nachdem wir uns schon
über ein Jahr nicht mehr gesehen haben?

Im wesentlichen gibt es für mich nichts Neues, weder in
China noch in Rom, noch in Paris. Hier gehen trotz des un-
erwarteten Hinscheidens von Dr. Black[2] (dieser Tod ist einer der schweren Schläge in meinem Leben) die Forschungs-
arbeiten im alten Geleise weiter. Man entdeckt immer noch
Spuren des Sinanthropus[3] in Chow-Kow-Tien, und seit
Ostern durchstreifte ich pausenlos das Yangtsetal, von Nanking bis zu den ersten Ausläufern Tibets. Nichts deutet darauf hin – ganz im Gegenteil! –, daß meine Arbeitsaussich-
ten (und -verpflichtungen) in China abnehmen. Ich
gewöhne mich an den Gedanken, hier meine Tage zu been-

84

den, ohne selbstverständlich dem Willen zu entsagen, mit Paris in Verbindung zu bleiben. Aber ich bin durchaus nicht sicher, ob ich mich diesen Winter wieder in Frankreich werde sehen lassen können. Das Hinscheiden Blacks verpflichtet mich zu größerer Treue auf meinem Posten. Zudem habe ich keinen ausdrücklichen Grund für eine Reise nach Europa anzugeben. Gleichwohl steht noch nichts fest. In einem Atemzug wünsche und fürchte ich solche kurzen Aufenthalte in Paris.

In Rom war vage die Rede davon, man wolle mich auffordern, zu einer „Aussprache" zu kommen. Aber ich sehe nicht recht, wie ich einen aufrichtigen Frieden schließen könnte. Mein Freund de Bonneville (Provinzial von Lyon) rät als erster mir von diesem Besuch „ad limina"[4] ab. Also rühre ich mich nicht. Anscheinend wurden diesen Winter abermals einige Klagen über mich laut. Mir ist davon nur eine (vollkommen lächerliche) bekannt, einen rein fachlichen Rechenschaftsbericht zur Anthropologie betreffend, die jedoch ohne Folgen blieb.[5] Aber allem Anschein nach habe ich ein vollgepacktes Strafregister, und die Gewässer, in denen ich mich bewege, sind reichlich vermint.

Von Paris habe ich verhältnismäßig wenig Nachrichten. Aber ich stelle anhand einiger Bücher, die mir zugehen (namentlich von seiten der *Vie Intellectuelle*[6]) fest, daß Gedanken und selbst Ausdrücke in aller Stille ihren Weg machen, bis sie sogar unter der großen Feder von Sertillanges[7] wieder auftauchen. Das hilft mir, mich in Geduld zu fassen. Nichtsdestoweniger sähe ich gerne die Dinge aus größerer Nähe und gäbe gern wieder einen neuen Anstoß.

Das sagt Ihnen zur Genüge, daß ich mich im Kern meiner selbst nicht gewandelt habe, es sei denn auf der gleichen Linie. Ein Ergebnis dieser Bewegung ist es, daß ich mich nach und nach immer mehr am Rande vieler Dinge gewahre. Nur dank dem exotischen Leben, das ich führe, wird dieser

Abtrieb nicht zu einem inneren Riß. Was mir ein wenig Mut und was mir Sicherheit gibt, ist dies, daß, wenn einerseits eine ganze Mauer von kirchlichen Vorstellungen und Konventionen für immer vor mir eingestürzt ist, ich mich dafür noch niemals dem näher gefühlt habe, was mir die tiefen Angelpunkte des Christentums auszumachen scheint: die zukünftige Bedeutung der Welt, der Primat des Geistes und der Persönlichkeit und ein persönlicher Gott. Ich sehe für mich keinen Ausweg, keine Stärke außerhalb der (theoretischen *und* praktischen) Synthese des leidenschaftlichen Glaubens an die Welt und des leidenschaftlichen Glaubens an Gott. In vollem Maße Mensch und Christ sein, das eine durch das andere. Das führt in scheinbar paradoxe Situationen. Aber ich bin immer mehr entschlossen, dem Leben zu vertrauen, ohne mich über etwas zu wundern. Zudem scheint mir, daß ich nicht die geringste Furcht habe wegen irgend etwas, das mir geschehen könnte, wenn es nur „im Dienst an der Welt" geschieht.

Diesen Winter konnte ich wieder anfangen, ein bißchen zu schreiben. Erst einen ziemlich geglückten Versuch, *Christologie und Evolution*[8], in dem ich auf zwanzig Seiten die Substanz fast aller meiner Schriften seit zwanzig Jahren verdichtet habe. Und dann einen weniger ausgearbeiteten Entwurf über die *Evolution der Keuschheit*[9]. Der erste Versuch wurde nur Auguste Valensin[10], de Lubac[11], Le Roy[12], Charles[13] und Maréchal[14] gezeigt. Einzig Valensin hat mir bis jetzt sein Urteil abgegeben: Er findet, daß es eine meiner besten Aufzeichnungen (!) ist, was zweifellos nicht heißt, daß er alles billigt. Die zweite Arbeit liegt noch in meiner Schublade – weil sie Gefahr läuft, falsch verstanden zu werden[15]. Indessen stellt sie ein durchaus redliches und vorurteilsfreies Bemühen dar, einen Versuch, einer Frage auf den Grund zu gehen, die mir ungeheuer lebenswichtig und ungeheuer ungeklärt scheint. Ich habe da alles zusammengetragen, was ich jemals in meinen tiefsten Überzeugungen angesichts von Fragen und Anfechtungen, die nichts Abstraktes an sich hatten, habe finden können, um „die Verteidigung der Keuschheit" zu begründen, und vor allem, um ihren Wert oder ihr Wesen zu umreißen. Wir müssen das einmal miteinander erörtern. Im Grunde handelt es sich einfach, aber in seiner ganzen Zuspitzung!, um das Problem der Materie – und der geistigen Macht der Materie. Ich habe noch einige andere Schriften im Auge, namentlich ein Exposé „Mein Glaube"[16] für Msgr. Bruno de Solages[17] (Toulouse), der meine Skripten ziemlich weit verbreitet, und desgleichen ein „Sakrament der Welt"[18], in dem ich, in freilich vertiefter Fassung, meine „Messer über der Welt"[19] wiederaufgreifen möchte. Wann werde ich die Zeit dazu finden? …

Und da habe ich nun drei große Seiten lang nur von mir geredet; aber so habe ich mich Ihnen anvertraut, und das ist zweifelsohne die beste Art, sich selber zu geben. Schreiben Sie mir oft. Ich werde mit meinen Antworten pünktlicher sein. Und nun, möge Gott Ihnen Ihre erquickende Heiterkeit erhalten und in uns beiden die Lust am Sein vermehren.

Ihr

P. Teilhard S. J.

[1] Seit Ostern 1934 versucht Teilhard nach einem noch mit Davidson Black, dem Direktor des Geologischen Dienstes, der am 16. März 1934, erst 49 Jahre alt, gestorben ist, erarbeiteten Plan zusammen mit Barbour, Wong und zwei chinesischen Geologen das Tertiär des Yangtse mit dem des Hoang-ho zu verbinden. Dabei dringt er bis nach Tschengtu am Fuß der ersten Vorgebirge von Tibet vor. „Die Schluchten des Yang-tse bleiben ihrem Ruf treu", schreibt er am 30. Juni rückblickend an Ida Treat (siehe S. 91), „und das *Szetschuan* ist ein großartiger Garten, den nur die ‚Militärs' und ihre verrückten Steuern stören. Die Kommunisten haben eben einen neuen ‚Flecken' im Nordosten der Provinz gebildet. Und in verkleinertem Maßstab hat mir diese Reise denselben Dienst geleistet wie die Gelbe Kreuzfahrt. Sie hat mir eine Welt entdeckt." Von Mai 1931 bis Februar 1932 hatte Teilhard als geologischer Berater an der Expedition „Ci-

troën Zentralasien", genannt die „Gelbe Kreuzfahrt", teilgenommen: Die
französische Autofirma wollte mit Kettenfahrzeugen einen Verkehrskorri-
dor eröffnen, der China, Persien und Arabien mit Europa verbindet[54].
[2] Dr. Davidson *Black* hatte gerade mit Freunden geplaudert. „Einen Augenblick später fand man ihn tot neben dem Sinanthropus [Peking-Men-
schen] und dem Schädel der Oberen Höhle. Ein schöner Tod so mitten aus
dem Leben heraus", schreibt Teilhard an Abbé Breuil am 18. März 1934,
und an seine Cousine Marguerite am 10. April 1934: „In der Verwirrung,
die auf Blacks Tod folgte, in der erstickenden Atmosphäre der ‚agnosti-
schen' [ungläubigen] Beileidskundgebungen, mit denen man ihn umgab,
gelobte ich mir bei dem Leben meines Freundes, mehr denn je dafür zu
kämpfen, der Arbeit und dem Forschen des Menschen eine Hoffnung zu
geben."[55] Siehe auch S. 115, Anmerkung 5.
[3] Choukoutien *(Chow-Kow-Tien)* ist ein Ort fünfzig Kilometer südwestlich von Peling am Rande einer Bergkette. Nach fast zehnjährigen Ausgrabungen wurde dort am 2. Dezember 1929 der erste gut erhaltene Schädel
des sogenannten *Sinanthropus pekinensis* entdeckt. Am 30. Dezember
1929 gibt Teilhard an seinen Freund Valensin die Nachricht weiter und bemerkt: „Ich bin angestellt, um die geologischen und paläontologischen
Studien der Ablagerung zu leiten. Die menschlichen Reste werden von
meinem Freund Dr. Black studiert." Teilhards Einordnung des Sinanthropus ergibt „die Gegenwart eines Hominiden vom Typus des Vor-Neander-
talers in Ostchina im unteren Pleistozän". Dank des Sinanthropus „zeigt
sich uns eine wichtige Perspektive in einem hellen Licht, nämlich dieje-
nige einer klar bestimmten Schicht primitiver Menschheit, die in den al-
lerersten Anfängen (wenn nicht vor den Anfängen) der durch die ältesten
paläolithischen Werkzeuge gekennzeichneten Phase die Alte Welt bewohnte. Als im großen und ganzen Zeitgenosse des *Homo heidelbergensis*
und des noch rätselhaften *Pithecanthropus* hängt der *Sinanthropus* deutlich mit beiden durch die außerordentlich primitive Form sowohl seines
Schädels als auch seines Unterkiefers zusammen. Daß man bei der Entdek-
kung einer Vor-Neandertaler-Phase, die die Menschheit durchschritten
hat, auch nur einen Schritt vorangekommen ist, bedeutet eine wissenschaftliche Eroberung, deren Wert nicht hoch genug eingeschätzt werden
kann."[56]
[4] *„Ad limina"* (zu den Schwellen), Kurzausdruck für die Verpflichtung der
Bischöfe zur „Visitatio liminum Beatorum Apostolorum Petri et Pauli" (Besuch der Heiligtümer der heiligen Apostel Petrus und Paulus) in Rom mit
Berichterstattung beim Papst.
[5] Teilhard .war nur verboten worden, philosophische und theologische
Schriften zu veröffentlichen, nicht jedoch sein Fach (Geologie und Paläontologie) betreffende. Die Anthropologie (umfassende Lehre vom Menschen) kann mehr naturwissenschaftlich oder mehr philosophisch
ausgerichtet sein. Zu der hier vermutlich gemeinten Arbeit „Der Ort des
Menschen in der Natur"[57], die 1932 in der „Revue des étudiants de l'Uni-

versité Nationale de Péking" erschien, schrieb der als Philosoph und Theologe gleich berühmte Jesuitenpater Maréchal aus Löwen an Teilhard: „Keiner hat heute so wie Sie alle theologischen, philosophischen und naturwissenschaftlichen Voraussetzungen für das Problem der Evolution in Händen."[58]

[6] „Intellektuelles Leben", katholische Zeitschrift, von den Dominikanern herausgegeben.

[7] Der Dominikaner Antonin-Gilbert *Sertillanges* (1863–1948), ein hervorragender neuscholastischer französischer Philosoph und Theologe, veröffentlichte 1933 das Buch „Gott oder Nichts?", worin er sich auch mit dem Verhältnis Gottes zur Welt und zur Abstammung des Menschen befaßt. Teilhard, der in den Neuscholastikern seine Gegner sah, war erfreut über die Annäherung der Standpunkte und schrieb am 4. Februar 1934 einen Brief an Sertillanges[59].

[8] In: Pierre Teilhard de Chardin, Mein Glaube, Walter-Verlag, Olten und Freiburg i. Br. 1972, S. 93–115.

[9] Siehe S. 23–29.

[10] Auguste *Valensin* (1879–1953), französischer Jesuit, Philosoph, in den letzten Lebensjahren Professor am Institut méditerranéen in Nizza, war Teilhards Studienkollege, Freund und Ratgeber.

[11] Henri de *Lubac* (geboren 1896), französischer Jesuit, Theologieprofessor in Fourvière (Lyon), Kardinal, Teilhards Freund und theologischer Berater, schrieb viele Bücher über Teilhard und verteidigte seine Rechtgläubigkeit.

[12] Édouard *Le Roy*, siehe S. 71, Anmerkung 7.

[13] Pierre *Charles*, (1881–1953), belgischer Jesuit, Theologieprofessor in Löwen, war Teilhards Studienkollege und Freund.

[14] Siehe oben unter 5.

[15] Tatsächlich schickt Teilhard „Die Evolution der Keuschheit" erst im August an seine Freunde de Lubac und Valensin. In dem Begleitbrief an Valensin vom 24. August 1934 heißt es: „Ist es nötig, Ihnen zu sagen, daß es sich hier mehr als je um eine Gewissenssache unter uns handelt – wo ich Sie als Berater und Führer betrachte? – Dieses neue Papier (schon vor sechs Monaten geschrieben) Ihnen mitzuteilen, habe ich lange gezögert. Doch dann habe ich mich schließlich versichert, es enthält so viel vom Intimsten meines Denkens, daß es ohne Vorteil wäre, es Ihnen nicht zu zeigen. Versuchen Sie, es unparteiisch zu lesen – kühl (wie ich es geschrieben habe). Und halten Sie im voraus dies fest: In völliger Aufrichtigkeit versichere ich Ihnen, daß ich diese Seiten ohne irgendeinen Hintergedanken geschrieben habe, mir eine Erleichterung zu verschaffen oder irgendeine Entschuldigung. Ganz im Gegenteil, ich habe mich angestrengt, mit allen meinen Kräften die traditionelle Position zu verteidigen – indem ich so wirksam wie möglich alle Gründe ‚für' versammelt habe, die mir gültig erschienen. – Was ich da geschrieben habe, ist das Beste dessen, was ich zu antworten (mir und anderen) gefunden habe, als ich, drei- oder viermal in meinem Leben, während längerer Perioden, in die Enge getrieben worden

bin. – Sie werden vielleicht finden, daß das schwach ist, als Triumph. Aber es ist so, ich kann in Wirklichkeit nicht mehr sehen. In dieser Frage des Fleisches (‚Klimax‘ der Frage nach der Materie) folge ich ‚blindlings‘ der Kirche, ohne zu begreifen, was sie mir sagt (oder selbst indem ich glaube, anderes zu sehen). – Glauben Sie mir, ich würde viel dafür geben, um eine persönlichere Überzeugung in mir zu fühlen. Und lassen Sie mich sehen, wenn Sie können." Am 11. November 1934 dankt Teilhard Valensin für dessen Antwort: Er habe sie erhalten „und vernichtet". Die weiteren Ausführungen in dem Brief zeigen, daß Teilhard für seine Auffassung nicht mit dem Verständnis, geschweige denn mit der Billigung seiner Freunde rechnen kann [60].

[16] A.a.O. (oben 8), S. 116–158.

[17] Monsignore *Bruno de Solages,* seit 1932 Rektor des Institut Catholique von Toulouse, gehörte zu den hervorragenden Persönlichkeiten des französischen Katholizismus. Er hat sich seit 1928 für Teilhard eingesetzt und 1967 ein wichtiges Buch über die Entwicklung des Teilhardschen Denkens veröffentlicht: Teilhard de Chardin. Témoignage et étude sur le développement de sa pensée. Privat, Toulouse 1967.

[18] Der Plan wird nicht verwirklicht, oder wird daraus „Der göttliche Bereich" (siehe S. 101, Anm. 3)?

[19] Siehe Seite 71, Anm. 5.

Ida Treat ist nach Marguerite Teillard-Chambon und Léontine Zanta die dritte Frau, der Teilhard in kritischer Situation begegnet und die ihm neue Horizonte eröffnet.

Als Teilhard von seiner ersten Chinareise zurückkehrt, bittet ihn sein Lehrer Marcellin Boule im Winter 1924/25, die Arbeit einer bei Boule debütierenden Geologin zu überwachen, eine Untersuchung über die Ammoniten, die ausgestorbenen Kopffüßer der Kreidezeit. Die Dame heißt Ida Treat, ist amerikanischer Herkunft und die erste Frau von Paul Vaillant-Couturier, dem einflußreichen Mitglied des Direktionskomitees der Kommunistischen Partei Frankreichs. Später wird Paul Vaillant-Couturier Direktor der kommunistischen Tageszeitung „L'Humanité". Seine Frau ist begeisterte Kommunistin, und durch sie entdeckt Teilhard den Marxismus und Kommunismus, nicht durch theoretische Studien, sondern durch das Zeugnis engagierter Anhänger.

„Die Kommunistin schreibt mir oft", heißt es am 5. April 1927 aus Tientsin (Teilhard hat seinen Exilaufenthalt angetreten) an den Freund Auguste Valensin, „und ich bin erstaunt, immer wieder, über den überschwenglichen Reichtum dieses Temperaments. Welche Kräfte noch außerhalb der Kirche!" Und am 11. November 1927 (von einem Zwischenaufenthalt Teilhards in Paris) an denselben: „Wenn Sie wüßten, wie sehr ich mich, wenn ich sie von ihrer Partei erzählen höre (mit unbezweifelbarer Aufrichtigkeit), desorientiert fühle, – das heißt unfähig, ein Urteil über eine Bewegung abzugeben, die allzu viele Dinge hassenswert machen von außen, aber die sich als glühend offenbart von innen."

Dabei sind Teilhard und Ida Treat durchaus nicht einer

Meinung: „Wir befanden uns genau an den Antipoden, als wir uns begegnet sind – mit einer Gewalt, die mir noch immer unbegreiflich ist", bekennt Teilhard an Valensin am 10. Januar 1926, noch in Paris. Die Gewalt, von der er spricht, ist nicht nur die der weltanschaulichen Auseinandersetzung, sondern auch die einer leidenschaftlichen Zuneigung, wie sie Teilhard bisher weder bei Marguerite noch bei Léontine erfahren hat. Bei ihnen, den gläubigen Katholikinnen, schützt ihn sein Status als Ordensmann und Priester. Im Fall Ida Treat gesteht er Valensin: „Ich ergreife alle Maßnahmen der Klugheit, die mein Gewissen von mir fordert. Aber die sich gegenüberstehenden Energien bleiben beträchtlich – und ich bin mir darüber im klaren, daß *meine* Absicht von der Freundschaft, die möglich ist, nur langsam verstanden wird ... Auch deshalb wird die Abreise nach China ohne Zweifel eine Vorsehung sein (auch wenn es mir unter diesem Gesichtspunkt weniger notwendig erscheint als noch vor einiger Zeit)."[61]

Bis zur Begegnung mit Lucile Swan in Peking 1930 und mit Rhoda de Terra 1935 in Indien bleibt Ida Treat die bevorzugte Briefpartnerin Teilhards während der ersten Jahre seines von Reisen unterbrochenen Exils in China, das im April 1926 beginnt. 1933 kommt Ida Treat nach Peking, um eine politische Reportage zu machen.

Teilhard verdankt der Kommunistin die Herausforderung, sich intensiver als bisher mit dem Phänomen des weltweiten Kommunismus auseinanderzusetzen, überhaupt politischer zu denken und mit den Augen „Andersgläubiger" die Welt zu betrachten. Der Atheistin gegenüber sieht er sich gezwungen, seine Überzeugungen und vor allem seinen christlichen Glauben verständlich zu machen. Dabei entsteht, vielleicht ohne daß Teilhard dieser Zusammenhang bewußt wird, das ihm wichtigste und liebste Werk: „Le milieu divin – Der göttliche Bereich".

·10 Das Antlitz Gottes

Der erste Brief unserer Auswahl vom 13. Juni 1926[62] stammt aus den ersten Monaten des Exils in China, das Teilhard unter schweren inneren Kämpfen im April 1926 angetreten hat (siehe dazu S. 78 f.). Nichts davon in diesem Brief, in dem er sich ganz darauf konzentriert, der Atheistin Ida Treat zu helfen, ihre Schwierigkeiten mit Gott zu klären: Gibt es ihn überhaupt angesichts der „Unermeßlichkeit des materiellen Kosmos" und der Massenhaftigkeit der Menschen, in der sich der einzelne verliert? Doch gerade in der Materie und in der Masse sieht Teilhard eine Tendenz am Werk, die auf Gott verweist, der jedoch kein abstraktes Einigungsprinzip ist, sondern mehr „Person" und „Liebe", als wir uns vorstellen können. Ist das nicht nur ein frommer Wunsch oder ein notwendiger Gedanke und nicht mehr? Für Teilhard ist es die Bedingung sinnvollen menschlichen Lebens zu „glauben", daß man ein Element in einem Universum ist, das sich mit Gott vereint.

Peking[1], 13. Juni 1926

Die Schwierigkeiten, die Unwahrscheinlichkeiten, an denen Sie sich stoßen, sind eben gerade die großen, die grundlegenden, die ewigen Schranken, die der Geist überschreiten muß, um Gott zu erreichen. Ich persönlich glaube den Ausweg in dem überragenden Wert des Geistes und in dem stärksten Zusammenhalt aller Substanzen der Welt zu finden. Die Unermeßlichkeit des materiellen Kosmos kann uns nicht niederdrücken, wenn wir erahnen, daß die Materie letzten Endes (mit ihren bewundernswerten Möglichkeiten) nur in uns ihrer selbst bewußt wird; und sogar die (so bestürzende) Vielfältigkeit der menschlichen Seelen (ohne von den anderen zu sprechen, die vielleicht da sind) sollte uns nicht zur Verzweiflung bringen, wenn wir die unermeßliche Möglichkeit und das unermeßliche Bedürfnis nach Vereinigung bemerken, die die denkenden Atome, die wir sind, aufgären lassen. Je gewaltiger das Universum ist, um so wertvoller ist der *Geist*, der zu seinem Entstehen eine derartige Entfaltung mannigfaltiger Energien verlangte; und je zahlreicher wir sind, um so großartiger ist die Synthese, die sich in unserer Vereinigung vorbereitet. Trillionen von Seelen, die aus Trillionen und Trillionen niederer Einheiten hervorgegangen sind, können ein einziges Denken oder eine einzige Zuneigung bilden, die von Gott empfangen, geeint und überbeseelt werden. Das Antlitz dieses Gottes, darin haben Sie vollkommen recht (und kein wahrhafter Theologe meint das außerhalb der Schulbücher), können wir nicht genau beschreiben. Da aber die menschliche Person mit ihrer Intelligenz und ihrem großartigen Liebesvermögen *die vollkommenste Form* ist, die wir in der Reihe der Elemente der Welt kennen, sagen wir, Gott müsse *in der Richtung* einer *Super-Person* vorgestellt werden (d. h. in der Weiterführung der Qualitäten – und nicht der individuellen Begrenzungen – der Person). Er muß ebenso umfassend sein wie das Universum und ebenso warm wie ein menschliches Herz und noch unvergleichlich viel wärmer. Das ist alles, was wir sagen können. Ein Gott, der „ein Gesetz" oder eine abstrakte Wahrheit wäre, hätte weniger *Sein* als wir! Das ist nicht möglich, Sie mißtrauen dem Akt, der darin besteht zu glauben, weil wir es nötig haben zu glauben. Mir scheint, alles hängt davon ab, welchen Sinn man dem Wort *nötig* gibt. Wenn es sich um ein nebensächliches, sekundäres, umstrittenes Bedürfnis handelt, haben Sie recht. Wenn es sich aber um ein derart grundlegendes und allgemeines Bedürfnis handelt, daß es mit der Essenz des Lebens selbst zusammenfällt, „das in uns ist, ohne uns" (d. h. das als ein

Strom empfangen wird, der uns beherrscht), dann, so glaube ich, darf man aus diesem Bedürfnis schließen, daß es *ein Objekt gibt,* das ihm entspricht. Andernfalls ist die Welt dumm, selbstzerstörerisch, unfähig, das zu ernähren, was sie nach unserer Kenntnis an Vollkommenstem hervorgebracht hat: nämlich ein reflektiertes Bewußtsein. Es mag sein, daß der Glaube bei einigen mit einer mitreißenden Zustimmung, mit Evidenz, mit reiner Freude einhergeht. Ich begreife ihn eher als eine Art ruhige Weltanschauung, von der aus sich alles erhellt und alles immer mehr, unendlich, gelebt werden kann. Zu diesem Akt braucht es sowohl eine vom Geist erfahrene Sensibilisierung, um sehen zu können – und eine positive Entscheidung des Willens, um *zu versuchen,* sich auf den Standpunkt zu stellen. Praktisch meinte ich, daß jeder seinem Ideal treue Mensch in gleicher Weise zu derselben Anbetung dessen gelangt, der die Welt lenkt und eins macht ... Auf diesem Gipfel angekommen, werden Sie erkennen, daß nichts für sich allein ist, daß nichts gering oder profan ist, da das geringste Bewußtsein partiell die Schicksale des Universums in sich trägt und sich nicht zu verbessern vermag, ohne alles um sich herum zu verbessern! Es bedeutet den Tod des Egoismus, wenn man begreift, daß man ein Element eines Universums ist, das sich personalisiert (wenn ich so sagen darf), indem es sich mit Gott vereint (ich sage nicht: indem es Gott wird). Dann ist es nicht mehr das Ich, das man in sich liebt.

Ich verlasse Sie, um zu den Amerikanern zu gehen. Ich werde zu Fuß gehen, langsam, im Sonnenuntergang. Ich werde den kleinen Gassen *(hutungs)* folgen, die im Zickzack zwischen den kleinen zeltförmigen Häusern durchführen, auf die der Schatten großer, von zutraulichen Raben bevölkerter Bäume fällt. Ich werde um das alte kaiserliche Zelt herumgehen, die ehemals verbotene Stadt, deren gelbe und rote Mauern in den breiten, mit Lotus und

Seerosen gefüllten Gräben baden. Und wenn die Luft klar
ist, werde ich nach Westen zu den Western Hills, den Si-
chan, schauen, die die erste Stufe zur Mongolei bilden.

[1] *Peking* ist für Teilhard gerade in dieser durch das Exil bedingten schwie-
rigen Zeit so etwas wie Paris in Asien: „Ich habe den ganzen Monat Dezember in Peking damit zugebracht, Amerikaner, Australier, Holländer usw.
zu treffen, die vom panpazifischen Kongreß in Tokio zurückkamen",
schreibt er einige Monate später, am 10. Januar 1927, an Léontine Zanta.
„Sie können sich nicht vorstellen, wie sehr dieses Eintauchen in einem
ausgewählten Internationalismus den Blick weitet, wenn man nur tief in
seiner eigenen Herkunft verwurzelt ist (für mich ist das selbstverständlich
Paris)."[63] Auch jetzt im Juni 1926 trifft Teilhard in Peking „auf einen Kreis
sehr guter Freunde", schreibt er am 19. Juni an Marguerite Teillard-Chambon,, „Chinesen und Amerikaner, letztere beinahe vollzählig versammelt,
da ihnen ja die Mongolei unglücklicherweise verschlossen ist. Der Photo-
graph der Third American Expedition hat mich zwischen Andrews, Ma-
thieu, Granger und Nelson aufgenommen." Es handelt sich um berühmte
Forscher, die vom Naturhistorischen Museum New York auf eine Expedition geschickt worden waren, welche jedoch wegen der politischen Wirren
behindert wurde. „Tatsächlich gibt es keine zentrale Regierung mehr, und
die Dinge, auch die Züge, laufen so recht und schlecht weiter. Die chinesischen Bolschewisten stehen einige Kilometer vor Peking, und die nationalen Truppen besetzen ganz friedlich die Hauptstadt, die sie übrigens
ärgerlich versperren."[64]

11   Ich werde als ein Tor angesehen

Dieser Auszug aus dem Brief vom 13. Oktober 1926[65] *ist das
Dokument einer großen Konfession: Teilhard, der einen
strapaziösen Sommer mit Expeditionen und Ausgrabungen
in dem von Kriegswirren erschütterten China hinter sich
hat, gibt sich Rechenschaft über sich selbst: Wer bin ich, was
treibe ich, worauf muß ich mich konzentrieren, um die mir
zugedachte Aufgabe im Dienste der Welt zu erfüllen? Es ist
erstaunlich, mit welcher Sicherheit er sich zur Schriftstellerei
bekennt und mit welcher prophetischen Begeisterung er das*

„Buch der Erde" entwirft, das er schreiben möchte. Dabei ist er selbst bereits über die Erde hinaus ... Teilhard muß zu Ida Treat ein tiefes Vertrauen gehabt haben, daß er ihr einen solchen Brief geschrieben hat.

Tientsin[1], 13. Oktober 1926

Trotz des Gott zugekehrten Teils meines Lebens – oder, genauer, gerade wegen dieses Teils, der meine inneren Kräfte aufpeitscht, anstatt sie zu verzehren – brauche ich ein *outlet*[2]. Da mir leider weder die Musik noch die Dichtung, noch auch (und das bedauere ich vor allem) das Talent oder die Kunst des Romanschriftstellers gegeben ist, habe ich bisher Entspannung gesucht in allen möglichen philosophisch-literarischen Essays, von denen ich Ihnen bisher nur einen winzigen Teil zeigen konnte. Leider sind diese Essays fast alle dem Tod in meinen Schubladen geweiht, oder aber sie sind nur von einem begrenzten Freundeskreis gelesen worden. Mir scheint, ich bin an den Zeitpunkt meines Lebens gelangt, da das beste *outlet* das Wort wäre. Einen Geist, eine leidenschaftliche Strömung im menschlichen Milieu schaffen, das würde mein Traum sein; nicht, so scheint mir, daß es mir einfach um den Genuß ginge, zu handeln und zu beeinflussen, sondern weil mir scheint, ich habe in der Tiefe meiner selbst etwas, das heraustreten und sich ausbreiten will: eine gewisse begeisterte Sicht der Unermeßlichkeit und der Hoffnungen der Welt, eine gewisse Lust, ein gewisser Rausch des wirklichen, konkreten „Seins", wie es sich uns im Universum enthüllt. Wenn ich nach China gekommen bin, wenn ich mich inmitten der Tonnen meiner Fossilien verliere, wenn ich den „fahrenden Ritter" spiele, so geschieht das in der Hoffnung, mit allen großen Winden der Erde in mir diese Flamme besser zu nähren und mit Hilfe von etwas Ansehen oder Sonderbarkeit das Vermögen zu gewinnen, mir Gehör zu verschaffen, und wäre es auch nur ein einziges Mal und für eine Minute, bevor ich verschwinde. Doch das öffentliche und gesprochene Tun ist in den meisten Leben die Ausnahme. Ich muß also zum geschriebenen Werk zurückkehren. Über China schreiben – dazu bin ich nicht fähig. Von China sah ich die Härte, die Trostlosigkeit, den unermeßlichen Staub auf den Leuten und den Dingen. Ich habe weder die Kenntnis der Sprache und der Vergangenheit, die mir verstandesmäßig den verborgenen Schatz eröffneten, noch eine magische Intuition, die mich instinktiv und sicherer denn alle Wissenschaft die verborgene Schönheit wahrnehmen ließe. Etwas nur würde mich inspirieren: die neue Seele entdecken, die versucht, sich aus dem Zusammenbruch der alten, mit Zinnen bewehrten Städte und der alten Pagoden zu befreien; das spezifische, wesentliche Element erkennen und sichtbar machen, das der Osten dem Westen bringen muß, damit die Erde vollständig sei. Aber selbst dazu bin ich, wie ich Ihnen sagte, durch meine Unkenntnis der Sprache und auch durch eine Existenzweise schlecht gerüstet, die mich letzten Endes nicht freier in die chinesische Masse denn in die Pariser Masse eintauchen läßt. Das einzige Buch, das ich schreiben möchte, das ich schreiben muß, wäre nicht das Buch Chinas, sondern das „Buch der Erde"[3]. Ich möchte endlich sprechen, wie ich denke, ohne mich um das zu kümmern, was zugelassen wird, mit der alleinigen Sorge, so getreu wie möglich das zum Ausdruck zu bringen, was ich in mir wie eine Stimme oder ein Lied brausen höre, die nicht von mir, sondern von der Welt in mir sind. Ich möchte aussagen, was ein Mann denkt, der endlich die Scheidewände und die Decken der kleinen Länder, der kleinen Gesellschaften, der kleinen Sekten durchstoßen hat, und nun über allen diesen Kategorien auftaucht und sich als Kind und Bürger der Erde entdeckt. *Nichts als die Erde,* hat Paul Morand in einem seiner letzten Bücher gesagt. Die vier Wörter sind mehr wert als sein ganzes Buch. Es gibt eine ganze Stufenleiter von Eindrücken und Leidenschaften, die sich zu dem vereinen, was ich sagen möchte: zunächst die tiefe Freude, dank unserer neuen Sicht des Lebens zu spüren, wie unser Sein sich nach dem Maße der ganzen Vergangenheit, der ganzen Zukunft, des ganzen Raumes ausweitet: die Einwurzelung in die Materie, die uns umhüllt, uns webt, uns vereint und sich in uns spiritualisiert. Da ist der chinesische Ton *Yu,* der Ton des Alls, strahlend und großartig; dann ist da der Zorn gegen das lächerliche Mißverhältnis, das sich überall zwischen diesen Perspektiven der Einheit oder der gemeinsamen Forschung und den egoistischen Sorgen fast aller gegenwärtigen sozialen Konstruktionen zeigt. Ich bin vielleicht zu weich oder zu sehr reiner Theoretiker, um zur unmittelbaren Zerstörung alles Bestehenden aufzurufen. Doch ich glaube sehr deutlich zu sehen, die einzige natürliche Existenzweise der irdischen humanen Schicht ist ein Zusammenhang, eine Kontinuität, die sich nur herausbilden kann, indem sie alle möglichen alten Mauern sprengt. Das ist die Geste des Menschen, der erwacht, der sich streckt und von sich selbst Besitz ergreift. Doch nach diesem Jubel und dieser ersten Entspannung sehe ich andere Glieder in der Kette der menschlichen Eindrücke: ich meine das Bewußtsein unseres Gefangenseins und der Schwindel vor unserer Einsamkeit. Haben Sie jemals bedacht, wie demütigend und schmerzlich es ist, auf einer Kugel seinen Ort zu haben? Für die Freundschaft ist es sehr wertvoll, daß man sich niemals weiter als bis zu den Antipoden voneinander entfernen kann. Doch nehmen wir einmal an, man bräche zusammen auf, um immer weiter vorwärtszugehen. Das ist unmöglich. Sich weiter als bis zu einem bestimmten Punkt entfernen heißt zurückkehren und sich wieder nähern. Hier fasziniert mich der Westen: ich bin aber über Turkestan hinaus, würde ich vom Osten träumen. Sie würden nicht glauben, wie sehr ich in diesem Jahr gegenüber dieser Begrenzung unserer räumlichen Ausflüge empfindlich war und wie sehr ich auch physisch gespürt habe, daß das geographische Geheimnis unserer Erde wie der Schnee vor der warmen Sommersonne dahinschmolz. Ja selbst in Asien gibt es höchstens noch unbekannte Flecken. So gehen wir, während gleichzeitig die menschliche Schicht in der Begeisterung und der Revolte verknüpft wird, mit derselben Bewegung in Richtung einer anderen Bewußtwerdung, nämlich daß der Bereich, den wir so groß glaubten, eng ist. Ich glaube, der Augenblick wird kommen, da die Erde für die Menschen so gut wie ausgeleert, uninteressant und unbefriedigend sein wird; und in eben diesem Augenblick werden die Menschen, nunmehr weniger damit beschäftigt, unter ihre Füße zu schauen oder miteinander zu streiten, sich umsehen, und sie werden, da sie sich auf Erden *allein* fühlen, ebenso erschreckt sein wie ein Kind, das mitten in der Nacht in einem dunklen Zimmer aufwacht. Gefühle glorreicher Einheit und tiefer Erschlaffung. Träume von der Meisterung und vom Ausbrechen; aggressives Vertrauen und Angst: wie kommt es, daß dieser gewaltige psychologische Bereich den Menschen gewissermaßen noch verschlossen ist, die als Franzosen, Amerikaner und Chinesen denken, wünschen und lieben, *niemals* aber als *Menschen* — d. h. als „Terrestrier". Ich weiß, ich werde als ein Tor angesehen, wenn ich diese Dinge schreibe. Aber weshalb eigentlich? Sind es nicht die Braven und die Gemäßigten, die blind sind. Wirklich, wir führen eine beschränkte Existenz in einem Milieu, das einen unermeßlichen Atem verlangen würde. All das möchte ich in irgendeiner Form in ein Buch der Erde einbringen. Was meinen Sie davon? Ich

möchte, daß es ebensosehr ein Werk der *Kunst* sei wie des
Denkens …

¹ *Tientsin*, siehe S. 77, Anm. 7.
² *Outlet* (engl.), wörtlich Auslaß, Abzug, Öffnung, Durchlaß; hier Ventil,
Betätigungsfeld; etwas, wodurch man sich Luft macht.
³ Das „*Buch der Erde*", das Teilhard im November 1926 abschließt, hat den
Titel „Le Milieu divin" (Der göttliche Bereich) und ist „jenen gewidmet, die
die Welt lieben". Es beginnt mit einem Hinweis: „Das Buch wendet sich
nicht ausgesprochen an Christen, die in ihrem Glauben festgegründet sind
und von seinem Inhalt nichts zu lernen haben. Für die Unruhigen ist es
geschrieben, in der Kirche und außerhalb, das heißt für jene, die statt sich
der Kirche ganz zu übergeben, ihr nur am Rande angehören oder sich gar
von ihr entfernen, indem sie hoffen, über sie hinauszuwachsen."[66] Mit anderen Worten: ein Buch für Ida Treat und ihresgleichen, und auch ein
Buch für Teilhard selbst, der dabei ist, über die Kirche hinauszuwachsen,
um sie mitzunehmen. Zunächst freilich muß er erfahren, daß sich die
kirchlichen Behörden gegen eine Veröffentlichung des Buches ausspre-
chen. Teilhard schickt das Manuskript an seinen Provinzial in Lyon, der
zwei Gutachter bestellt, die sich positiv äußern. Teilhards Freund Pierre
Charles will das Buch in seiner Reihe „Museum Lessianum" in Löwen her-
ausbringen. Sicherheitshalber läßt er das Manuskript noch einmal von
zwei Kollegen prüfen. Der eine hat einige kleine Vorschläge, die Teilhard
berücksichtigt, der andere urteilt: „Die Seiten erscheinen mir hervorra-
gend, meisterlich. Sie scheinen mir originell, neu im besten Sinne und dennoch so authentisch traditionell wie möglich … Ich wünsche, daß es so
bald wie möglich veröffentlicht wird." Im letzten Moment passiert das Un-
glück: Der Kanonikus, der im Namen des zuständigen Ortsbischofs von
Mecheln das kirchliche Imprimatur geben muß, erinnert sich, daß über
Teilhard ein Dossier in Rom existiert. Um ganz sicher zu gehen, schickt er
das Manuskript an die römischen Behörden. Ergebnis: Verbot einer Druck-
legung mit dem Hinweis, es sei im großen und ganzen zwar orthodox, aber
wegen der neuen Perspektiven den Gläubigen nicht zumutbar. Teilhard
bleibt ein Trost: Dieser Vorgang, der sich bis 1932 hinzieht, erregt in eingeweihten Kreisen die Gemüter so sehr, daß Kopien des Manuskriptes um
die ganze Welt gehen. Teilhard ist von jetzt an weltweit der „Geheimtip"
unter den Philosophen und Theologen.[67] Das Werk erscheint erst nach seinem Tode 1957.

Der Auszug aus dem nur vierzehn Tage später datierten Brief vom 30. Oktober 1926[68] *erläutert zunächst Teilhards Auffassung vom Verhältnis Materie – Geist: Wir sind Materie auf dem Weg zum Geist, eine Ansicht, die sowohl den Leib und die Erde ernst nimmt, ohne ihnen zu verfallen, wie auch Seele und Geist hochschätzt, ohne deren Bindung an die Materie zu übersehen. Im Hinblick auf Teilhards Verhältnis zu Jesus Christus folgt daraus: So anziehend die menschliche Erscheinungsform Jesu in den Evangelien auch ist, Teilhard ist noch mehr davon fasziniert, daß der auferstandene Christus das Herz der Materie, des Kosmos ist und uns eine Zukunft über den Tod hinaus garantiert.*

Tientsin[1], 30. Oktober 1926

Ich stimme rückhaltlos und seit langem schon dem Prinzip zu: *Spirit through Matter*[2]. Ich muß Ihnen eines Tages ein halbnovellistisches Papier zeigen, das ich über die „geistige Potenz der Materie" geschrieben habe, mit einer Art Hymne an die „Heilige Materie"[3]. Das Prinzip erscheint mir also nicht nur wahr, sondern so wesentlich, daß ich nicht begreife, wie ein Mensch, der es nicht begriffen hat, voll und bewußt leben könnte, ohne der Charybdis des Genießens und des schwerfälligen Egoismus oder der Skylla einer falschen und blutleer machenden Askese zu verfallen (oder ohne erklären zu können, weshalb er nicht der einen oder anderen verfällt). Der heikle Punkt liegt darin, dieses allgemeine Prinzip jedem Einzelleben anzupassen. Sehen Sie, in meiner Vorstellung stellt das Leben jeden von uns an einen bestimmten Punkt auf dem materiellen Abhang, der zum Geist führt; und jeder muß diese Materie ergreifen und emporsteigen von dem Punkt aus, wo er steht – nicht daneben, nicht höher, nicht tiefer.

Es freut mich, daß Sie nach dem Vater den Sohn im Neuen Testament wiederfinden. Immerhin möchte ich Ihnen zu diesem Punkt folgendes sagen: Ich mag den Evangelismus[4] nicht, der sich auf den Lobpreis der rein menschlichen, moralischen Qualitäten Jesu beschränkt. Wenn Jesus für uns nur „ein Vater, eine Mutter, ein Bruder, eine Schwester" wäre, dann hätte ich Ihn nicht notwendig; ich glaube, ich fände Besseres in meiner Nähe, das ich lieben könnte; und darüber hinaus interessiert mich in einem gewissen Sinne das Vergangene nicht. Was ich von Christus „verlange", ist, daß er eine Kraft ist, die ebenso unermeßlich, aktuell, universell, ebenso wirklich (wirklicher) wie die Materie ist, die ich *anbeten* könnte; letzten Endes verlange ich von ihm, für mich das vollendete, verdichtete, anbetungswürdige *Universum* zu sein. Deshalb geht, obwohl ich durchaus den drei ersten Evangelien den unersetzlichen Wert zuerkenne, uns die wirklichen, historischen *Ansätze* Christi (mit einem praktischen Kodex moralischer Angleichung an Ihn) zu zeigen, meine ganze Vorliebe zum heiligen Johannes[5] und zum heiligen Paulus[6], die uns im *auferstandenen* Christus wirklich ein Sein so umfassend wie die Welt aller Zeiten zeigen. Haben Sie zum Beispiel den Anfang des Kolosserbriefs (1, 12–23) gelesen und dabei versucht, ihnen den erforderlichen vollen organischen Sinn zu geben?[7] Christus erscheint dort als eine wirkliche Seele der Welt. Nur so liebe ich Ihn …

---

[1] *Tientsin,* siehe S. 77, Anm. 7.

[2] Engl.: Geist durch Materie.

[3] Es handelt sich um die vom 8. August 1919 datierte, in den Ferien auf der im Ärmelkanal gelegenen Insel Jersey verfaßte dichterische Schrift „Die geistige Potenz der Materie"[69]. Am 2. August berichtete Teilhard darüber seiner Cousine Marguerite Teillard-Chambon: „Schließlich habe ich

begonnen, etwas niederzuschreiben – Stil halb poetisch, Form allegorisch. Die Allegorie ist die Geschichte des Elija: ‚Während sie miteinander sprachen und dahingingen, erschien ein feuriger Wagen mit feurigen Rossen und trennte beide voneinander. Elija stieg im Sturm zum Himmel empor ...‘ (2 bzw. 4 Buch der Könige, 2. Kapitel). Der Sturm, das hast Du gewiß schon verstanden, ist die Materie, die diejenigen mitreißt und befreit, die ihre spirituelle Macht zu erfassen vermögen ... Ich werde einem Papier das tiefste Wesen dessen anvertraut haben, was ich seit vier Monaten empfunden habe." Und am 17. September ergänzt er: Valensin, sein Freund, „möchte, daß das erscheine. Wenn es je durch die Zensur geht, so wünschte ich, daß es ohne Namen erscheine: die Sache ist nicht als ein persönlicher Einfall, sondern eher als das Offenbarwerden einer Wahrheit geschrieben worden. Einen Namen darunter zu setzen, hieße nach meiner Meinung: sie vollständig herabsetzen. – ‚Stimme eines Rufenden in der Wüste‘, wenn ich so sagen darf."[70] Teilhard fühlt sich in der Tradition der Propheten und des Johannes des Täufers.

[4] *Evangelismus:* eine Betrachtungsweise Jesu, die seine kosmischen und göttlichen Dimensionen außer acht läßt.

[5] Entsprechende Texte aus dem Johannesevangelium sind z.B.: „Alles ist durch das Wort [Christus] geworden, und ohne das Wort wurde nichts, was geworden ist. In ihm war das Leben, und das Leben war das Licht der Menschen" (1,3–4). „Und ich, wenn ich über die Erde erhöht bin, werde alle zu mir ziehen" (12,32). „Ich bin der Weinstock, ihr seid die Reben" (15,5).

[6] Wichtige Stellen aus den Paulusbriefen sind z.B. Röm 8,18–29; 1 Kor 15,23–29; 2 Kor 5,4; Gal 3,27–28; Eph 4,9–16; Phil 3,20–21.

[7] Im 1. Kapitel des Kolosserbriefes heißt es: „Dankt dem Vater mit Freude! Er hat euch fähig gemacht, Anteil zu haben am Los der Heiligen, die im Licht sind. Er hat uns der Macht der Finsternis entrissen und aufgenommen in das Reich seines geliebten Sohnes. Durch ihn haben wir die Erlösung, die Vergebung der Sünden. Er ist das Ebenbild des unsichtbaren Gottes, der Erstgeborene der ganzen Schöpfung. Denn in ihm wurde alles erschaffen im Himmel und auf Erden, das Sichtbare und das Unsichtbare, Throne und Herrschaften, Mächte und Gewalten; alles ist durch ihn und auf ihn hin geschaffen. Er ist vor aller Schöpfung, in ihm hat alles Bestand. Er ist das Haupt des Leibes, der Leib aber ist die Kirche. Er ist der Ursprung, der Erstgeborene der Toten; so hat er in allem den Vorrang. Denn Gott wollte mit seiner ganzen Fülle in ihm wohnen, um durch ihn alles zu versöhnen. Alles im Himmel und auf Erden wollte er zu Christus führen, der Friede gestiftet hat am Kreuz durch sein Blut" (1,12–20, Einheitsübersetzung der Bibel).

13 Die tiefe Harmonie des Universums

Der Brief vom 14. Februar 1927[71] *ist zunächst ein weiteres Zeugnis dafür, wie es gerade Frauen gewesen sind, die Teilhard zu seinen prophetischen Einsichten und zu einem entsprechenden Engagement inspiriert haben. Hier ist es die Begegnung mit einer uns weiter nicht bekannten Frau aus dem Kreis der Forscher, in dem Teilhard in Peking verkehrt und sich immer mehr für den Internationalismus begeistert. Bemerkenswert Teilhards Urteil über den schwedischen Asienforscher Sven Hedin.*

Erstaunlich, mit welcher Souveränität Teilhard dann auf seine eigenen Probleme zu sprechen kommt: Wie er sich bemüht, den nichtkirchlichen, atheistischen Freunden seine Treue zum Orden und zur Kirche zu erklären, obwohl diese ihn behindern; wie er daran glaubt, daß Gott ihm trotzdem Wege der Wirksamkeit eröffnen wird. Schon jetzt wirkt sich die Behinderung positiv aus: Teilhard wird sich seiner Eigenart besser bewußt. Er will keine theoretische Weltanschauung verbreiten, sondern die Wahrnehmung einer Qualität, die Lust am Sein, die Harmonie des Universums. Er möchte eigentlich – Musiker sein!

Peking[1], 14. Februar 1927

Vorgestern bei einem Dinner saß ich neben jemanden, einer bei aller Ruhe hoffnungslosen Frau, die mir sagte, eines Tages wäre sie zu der Ansicht erwacht, daß die Welt leer sei. Und dann rührten wir in dem Rahmen und anscheinend in einem weltgewandten Gespräch an das, was es an Dramatischstem gibt in den menschlichen Beziehungen – nämlich das Problem des Glaubens an das Leben, *in vivo*[2] behandelt zwischen Personen, die mit bloßgelegtem Bewußtsein zueinander sprechen. Und in einer Art plötzlichem Auffahren habe ich mich noch einmal einem solchen Glauben an die göttliche Kraft verschworen, die uns durch alle Dinge hindurch bedrängt, daß ich schließlich doch all das in Brand setzen würde, was mich umgibt – und zunächst das, was mir am nächsten liegt. Zweifeln Sie nicht daran, und werden wir wach für dieses Licht: Die Welt ist voll von Gott. Denn wäre die Welt leer, sie würde schon vor langer Zeit an Ekel gestorben sein.

Ich schreibe Ihnen also aus Peking. Das Treffen der *Geological Society*[3] entwickelt sich in seiner gewohnten Herzlichkeit; ich würde sogar sagen, von Jahr zu Jahr ist merklich ein Zuwachs an Begeisterung und wechselseitiger Sympathie der Mitglieder feststellbar. Wenn Sie gestern abend das Bankett gesehen hätten: Chinesen, Amerikaner, Schweden, Deutsche, Franzosen (ich und ein von mir mitgebrachter Freund). Welch warmer und intelligenter Internationalismus! Und welche handgreifliche Demonstration für die Existenz der neuen Kräfte, die aus der Synthese der Nationen entstehen können!

Das Treffen erhielt seinen besonderen Reiz durch die Anwesenheit Sven Hedins[4], der nach Turkestan aufbrechen wird. Ein recht eigenartiger Mann, dieser Sven Hedin; unverschämt jung mit seinen sechzig Jahren, überschäumend in seiner nordischen Kälte, von Freundlichkeit überströmend trotz seiner unbestreitbaren Eitelkeit, zu allen Opfern bereit, um zu „wissen", trotz seines Egoismus.

Wir sollen heute abend zusammen essen. Ohne weiteres nähme er mich mit sich. Doch wie sollte ich mich in drei Wochen freimachen können bei all den Bindungen, die mich festlegen?

Ich möchte sicher sein, daß Sie sich nicht allzusehr darüber aufgeregt haben, daß ich vom *Institut Catholique*[5] vor die Tür gesetzt wurde. Im Grunde, ich weiß, finden Sie mich, wie Boule[6], wie viele andere Freunde, schwach, und vielleicht achten Sie mich weniger, weil ich nicht die (für mich doch so befreiende) Geste tue, diejenigen fallenzulassen, die mich daran hindern zu sagen, was ich sehe. Verstehen Sie mich recht: bei dieser ganzen Angelegenheit geht es mir nur um eines, und nur eines lenkt mich dabei: versuchen, dem Leben so treu wie möglich zu sein. Ich habe Ihnen schon gesagt, vor meinem Geist wächst die Welt, ganz besonders die humane Welt – ich möchte fast sagen von Woche zu Woche. Doch je mehr sie vor mir diese Eindeutigkeit und Konsistenz gewinnt, um so mehr erkenne ich, daß sie nur in dem Bemühen in Richtung eines Göttlichen Bestand haben kann. Wäre es für mich logisch, wenn ich, durch einen Bruch mit meiner Kirche, ungeduldig das Wachsen des christlichen Triebes forcierte, von dem ich überzeugt bin, daß sich in ihm der Saft der Religion von morgen vorbereitet? Ich bin Gefangener in der Kirche aufgrund eben der Anschauungen, die mir ihre Unzulänglichkeiten aufdecken. Ist das nicht ein wenig dramatisch oder kosmisch? Helfen Sie mir, indem Sie mir Vertrauen schenken. Ich weiß noch nicht, was für eine Existenz ich führen werde. Ich möchte den Teil in Paris so groß wie möglich machen. Doch ich nehme an, daß ich auch den Teil der Arbeit hier recht groß ansetzen muß (um Paris zu retten). Ich bin entschlossen, mit rückhaltlosem Optimismus vorwärtszugehen. Wenn es einen Gott gibt, wie ich glaube, wird er die Hindernisse in den Dienst meines Marsches stellen; und ich werde schließlich fähiger als je zuvor sein, das Licht strahlen zu lassen, das man ersticken wollte. In dieser Hinsicht habe ich eine innere Entdeckung gemacht (oder, genauer, mit größerer Klarheit von neuem gemacht). Im Grunde wollte ich nicht so sehr eine Theorie, ein System, eine *Weltanschauung* vorbereiten, sondern eine gewisse

Lust, eine gewisse Wahrnehmung der Schönheit, des Pathetischen, der Einheit des *Seins*. Genau das verursacht wahrscheinlich das Unverständnis, auf das ich stoße. Ich versuche, diese Art ruhiger Trunkenheit, die das Bewußtsein des tiefen Stoffes der Dinge mir verursacht, in Begriffen von Theorien auszusagen (wie ich es, wenn ich dazu fähig wäre, in Musikstücken tun möchte!); doch diese Theorien gelten für mich in Wirklichkeit nur wegen ihrer Resonanz in einem Bereich der Seele, der nicht der des Intellektualismus ist. Diejenigen, die die tiefe Harmonie des Universums nicht hören, die ich zu transkribieren versuche (sehr viele hören sie auch glücklicherweise), suchen in dem, was ich schreibe, ich weiß nicht welches eng logische System, und sie sind verwirrt oder wütend. Im Grunde ist es nicht möglich, die Wahrnehmung einer Qualität, eines Geschmacks direkt durch Worte zu übermitteln. Noch einmal, für meinen Zweck wäre es besser, ich wäre der Schatten eines Wagner [7], denn der Schatten eines Darwin [8]. Da ich mich nehme, wie ich bin, sehe ich nichts Besseres zu tun, als mich darauf zu versteifen, den Menschen mit allen Mitteln die Menschheit zu enthüllen.

Ich rechne auf jeden Fall damit, im Herbst nach Paris zurückzukommen. Vorher werde ich ganz gewiß eine Reise in den Nordosten von Peking machen (April/August) [9]. Boule gibt mir dieses Jahr kein Geld; ich bin darüber aber nur halb böse. Dadurch bin ich freier, eine allgemeine geologische Arbeit zu leisten, deren Bedeutung mein lieber alter Meister merkwürdigerweise gar nicht mehr einsehen kann, weil er sich als „Sammlungs-Kustos" übertriebene Sorgen macht. In Wirklichkeit behaupte ich mich hier *ex aequo* [10] neben den Amerikanern und den Schweden. Und ich bin heute aufgrund eines gemeinsamen Übereinkommens mit der „Oberaufsicht" über die paläontologischen Forschungen (Wirbeltiere) beim chinesischen *Survey* [11] beauftragt. Ich kann auf

die 10 000 Franken des *I. P. H.* [12] verzichten. – Wie doch der
Nationalismus den Geist tötet, heute – nachdem er einige
Jahrhunderte hindurch ihn gewöhnlich angespornt hatte! –
Das zeigt, daß etwas anderes im Entstehen begriffen ist.

[1] *Peking,* siehe S. 96, Anmerkung 1.

[2] Lat.: lebendig.

[3] Engl.: *„Geologische Gesellschaft".* Die internationale Forschungsgemein-
schaft in Peking hatte drei Zentren: den chinesisch-amerikanisch-schwedi-
schen „Geological Survey" (Geologischer Überwachungsdienst), das ameri-
kanisch-chinesische „Medizinische Rockefeller-Institut" und die „Freie
Chinesische Universität", eine amerikanische Gründung. Die an diesen In-
stitutionen arbeitenden Forscher konnten darüber hinaus noch der „Geologischen Gesellschaft", der „Naturhistorischen Gesellschaft" oder dem
„Institut für prähistorische Forschung" (Carnegie-Stiftung) angehören oder
vorübergehende Forschungsaufträge annehmen, z. B. in der amerikanischen Expedition Andrews oder in der schwedischen Expedition Sven Hedins [72].

[4] *Sven Hedin* (1865–1952), schwedischer Forscher, bereiste Tibet und Chi-
nesisch-Turkestan und ist vor allem durch seine Reiseschilderungen be-
rühmt geworden. Als er 1926 nach Turkestan aufbrechen will und ihm die
Chinesen Bedingungen stellen im Hinblick auf das wissenschaftliche Ei-
gentum, nimmt Hedin diese zum Erstaunen und Ärger seiner europäi-
schen Freunde an. Sie werfen ihm vor, er laufe zu den Chinesen über.
Teilhard, der davon hört, bestärkt Hedin in seiner Haltung. 1929 trifft
Teilhard Hedin in Peking wieder und unterhält sich drei Stunden mit ihm:
„Er bewahrt mir deswegen eine rührende Dankbarkeit", schreibt er an
Marguerite Teillard-Chambon am 13. April 1929, „als ob er während all
der Monate, die seinem Erfolg vorausgingen, auf mein Wort hin gelebt
hätte, und es ist ein Erfolg auf der ganzen Linie: er hat nunmehr das volle
Vertrauen der fremdenfeindlichsten Chinesen und nur ergebene Freunde
unter denen, die er mit sich genommen hat. Wieder einmal hat der Glaube
an den Geist oder an das Gute gesiegt. Ich war nach dieser Unterhaltung
mit Hedin endgültig in meiner Linie festgelegt. Und auch ich (wie die Kirche übrigens ...) gehe zu den Chinesen über. Mein Freund Wong, der zur
Zeit in Nanking ist, verhandelt über die Form meiner offiziellen Aufnahme in den National Survey." [73]

[5] Teilhard war 1922 außerordentlicher Professor für Geologie am *Institut
Catholique* von Paris geworden. Nachdem er nach China verbannt worden
war, wurde er auch von seinen Verpflichtungen am Institut entbunden.

[6] Marcellin *Boule* (1861–1942), Professor am Naturhistorischen Museum
in Paris, Direktor der Zeitschrift „L'Anthropologie", ist neben dem Deut-

schen Gustav Schwalbe der hervorragendste Begründer der systematischen Erforschung des fossilen Menschen. Teilhard beginnt bei ihm 1912 sein paläontologisches Studium und bleibt ihm freundschaftlich verbunden, obwohl Boule antiklerikal und agnostisch eingestellt ist. Auch Ida Treat ist Boule-Schülerin.
[7] Richard *Wagner* (1813–1883). Vielleicht war es Wagners romantische Idee eines Gesamtkunstwerks, die Teilhard über die Musik hinaus an Wagner faszinierte.
[8] Charles *Darwin* (1809–1882). Statt die von ihm begründete Abstammungslehre zu bekämpfen, wie die kirchlichen Oberen wünschten, war Teilhard selbst zum „Schatten eines Darwin" geworden, Anhänger der Evolutionstheorie, freilich ohne die weltanschaulichen Zusätze des Darwinismus.
[9] Mai – Juli 1927 ist Teilhard auf Expedition in der Wüste Gobi, zusammen mit Licent. Schon im August 1927 bricht er nach Frankreich auf, wo er bis November 1928 bleiben darf.
[10] Lat.: gleichermaßen.
[11] Siehe oben unter 3.
[12] *Institut de Paléontologie Humaine* in Paris, das von Marcellin Boule geleitet wurde und in dessen Auftrag Teilhard zunächst in China tätig war.

14 Sturz in das Mehr-Leben

Der Brief vom 2. Oktober 1927[74], geschrieben gleich nach der Ankunft in Frankreich, verspricht Ida Treat, die sich um einen kranken Freund sorgt, die Solidarität Teilhards, auch seines Gebets, denn „die Welt ist eine unermeßliche, unter den Einflüssen des Geistes formbare Sache". Doch Teilhard faßt auch gleich das Schlimmste ins Auge: den möglichen Tod. Doch der verliert seinen Schrecken, wenn man begreift, daß er „ein Sturz in das Mehr-Leben" ist: eine Notwendigkeit im Hinblick auf „das ganze Leben, das ganze Universum". Aus Liebe zu dem Größeren können wir sogar den Tod, wenn er unvermeidlich ist, lieben. Auch der Tod ist „an den Wachstumszustand der Welt gebunden": Teilhards evolutive Weltsicht bewährt sich auch hier.

Marseille [1], 2. Oktober 1927

Als ich gestern hier landete, fand ich Ihren Brief vor. Wie sehr möchte ich mehr als ein Mensch sein, um Ihnen Mut zuzusprechen und um den zu heilen, den Sie so sehr lieben. Ich glaube, Sie wissen, die Welt ist eine unermeßliche, unter den Einflüssen des Geistes formbare Sache. Wir werden also unsere Wünsche verbinden, damit das notwendig gute Prinzip, das alles überbeseelt, Ihrem Freund seine Kräfte zurückgibt. Dieser Wunsch und diese Hoffnung und diese Bitte um das unmittelbare und greifbare Gut ist die erste Pflicht, die das Evangelium selbst uns lehrt.

Doch in unserem gegenwärtigen Universum vermag nichts, das ist allzu klar, absolut zu widerstehen, vielmehr muß alles früher oder später den Kräften des Todes weichen. Ihre Liebe zum Leben ist eine gesunde und großartige Kraft, und Sie müssen diesen Geist des Widerstandes gegen die physischen Minderungen eifersüchtig bewahren, der Ihnen hilft, mit dem Übel fertig zu werden. Doch fehlt in Ihrer Haltung noch etwas: Sie sind noch nicht so weit, das *ganze* Leben, das *ganze* Universum genügend zu lieben, um (wenn der unvermeidliche Augenblick gekommen ist) die (scheinbare) Minderung anzunehmen und liebend in es einzugehen. Wir müssen mit allen unseren Kräften gegen den Tod kämpfen, denn das ist unsere wesentliche Pflicht als Lebende. Doch wenn infolge der (zweifellos vorübergehenden – aber unausweichlich an den Wachstumszustand der Welt gebundenen) Lage der Dinge der Tod uns ergreift, müssen wir diesen Paroxysmus [2] im Glauben an das Leben haben, der uns veranlaßt, uns dem Tod als einem Sturz in das Mehr-Leben zu überlassen. Derart das Leben lieben und uns derart ihm anvertrauen, daß wir es umarmen und uns selbst durch den Tod hindurch in es hineinstürzen – das ist die einzige Haltung, die Sie zu beruhigen und Sie zu stärken

III

vermag: irrsinnig *das Größere als man selbst* lieben. Alle Vereinigungen, vor allem mit einem Größeren, bringen eine Art sich selber Sterben mit sich. Der Tod ist nur annehmbar, wenn er den (physisch notwendigen) Übergang zu einer Vereinigung darstellt – die Bedingung einer Metamorphose [3].

[1] Der Hafen von *Marseille* hat für Teilhard schon schicksalhafte Bedeutung: 1905 stach von hier das Schiff in See, das ihn nach Ägypten zu dem vierjährigen pädagogischen Praktikum als Physiklehrer am Jesuitenkolleg in Kairo brachte. 1909 kehrte er von dort über Marseille zurück. 1923 begann und 1924 endete hier seine erste Chinareise. 1926 fuhr er von hier ab ins chinesische Exil, das nun immer wieder von Frankreich-Aufenthalten unterbrochen sein wird.

[2] *Paroxysmus*, in der Medizin: akute Verschlimmerung einer Krankheit. In der Geologie: Höhepunkt der Tätigkeit eines Vulkans. Bei Teilhard der kritische Punkt in der weiteren Evolution der Menschheit, in dem durch eine besondere Anstrengung der Durchbruch zu einer höheren Entwicklungsstufe gelingt.

[3] *Metamorphose* (griechisch), Verwandlung, Umgestaltung. In der Biologie: z. B. die Umgestaltung Raupe – Puppe – Schmetterling. In der Geologie: Gesteinsumwandlungen innerhalb der Erdkruste. Bei Teilhard: die großen Sprünge in der Evolution, vor allem der Tod des Menschen im Hinblick auf die Auferstehung (Christi).

15 Dem Dienst an der Welt geweiht

Der Brief vom 18. August 1934 [75] *zeigt einen Teilhard, der im Laufe der letzten Jahre gelernt hat, „die unkontrollierbaren Ereignisse zu lieben und ohne Verwirrung anzunehmen" in dem Bewußtsein, dadurch „vergöttlicht" zu werden. Wenn er hinzufügt, das müsse nicht eine „sozial erfolgreiche Existenz" ergeben, so trifft das auf ihn nicht (mehr) zu. Zwar hat er noch immer Schwierigkeiten, was seine Veröffentlichungen betrifft, mit den kirchlichen Oberen. Doch im Hinblick auf seine wissenschaftlichen Unternehmungen und*

*Reisen in alle Welt – auch zu Zwischenaufenthalten in
Frankreich und selbst in Paris – lassen sie ihm freie Hand.
Auf diese Weise ist Teilhard zu einem gefragten Experten geworden: 1928 ist er in Somalia und Abessinien, 1929 auf Expedition in der Mandschurei und beteiligt an der Entdeckung
des Peking-Menschen, 1930 auf Expedition im Shansi, in der
Mandschurei und in der östlichen Wüste, im September mit
der Transsibirischen Eisenbahn unterwegs nach Paris, 1931 in
den USA, von dort über Hawaii und Japan zurück nach
China für die „Gelbe Kreuzfahrt", 1932 wieder auf Expedition
nach Shansi, ab September für vier Monate in Paris, im Frühjahr 1933 wieder in China, im Juni – September in Washington mit Exkursionen in Kalifornien, 1934 Expeditionen zum
Yang-tse und nach Zentralchina, wovon am Ende des Briefes
die Rede ist.*

Peking[1], 18. August 1934

Have faith in Life[2] ... Könnte doch das Leben für Sie nicht
nur irgendeine glückliche blinde Fatalität, sondern eine Art
von beseelter Gegenwart oder beseeltem Wohlwollen sein,
dem Sie sich nicht nur überlassen, sondern anvertrauen
könnten. Sie wissen, wie es mir auf Grund eines Komplexes
von angeborenen Veranlagungen, einer religiösen Erziehung und von unabhängigem Nachdenken gelungen ist,
mich mit dieser Überzeugung zu durchdringen, daß das
Universum (in uns und um uns herum) *letzten Endes* eine
große Geburt inmitten einer schrittweisen Beseelung ist,
der nichts entrinnt. Je mehr ich diesen Weg durch die Erfahrung prüfe, um so mehr bin ich von seiner Solidität und
der grundlegenden (unangreifbaren) Freude überzeugt, zu
der er führt. Versuchen Sie es. Das heißt, lernen Sie, die unkontrollierbaren Ereignisse, die sich Ihrem Tun in den Weg

stellen, zu lieben und ohne Verwirrung anzunehmen (als den Einfluß einer liebenden Kraft). Und Sie werden sehen, Sie nähern sich dem Frieden ... Ich glaube, ich habe Ihnen gesagt, meine ganze mir eigene „Religion" läßt sich letzten Endes auf dieses (aktive) Sich-Überlassen an eine Welt zurückführen, die ich immer weniger im Detail begreife (in dem Sinne, daß die traditionellen Erklärungen, die man mir davon gibt, mir immer unzulänglicher erscheinen), doch deren im Gang befindliche „Vergöttlichung" oder „Personalisation" mir immer klarer sichtbar wird. Daß meine Existenz soweit wie möglich ein Akt der Treue zum Leben gewesen sei, ist das einzige, was mich von nun an noch interessiert und was mir Sicherheit gibt.

Was aber ist eine „dem Leben treue" Existenz? Ist das eine sozial erfolgreiche Existenz: mit einer sichtbaren Kontinuität, anerkanntem Erfolg, einem greifbaren Resultat, einer erworbenen Stabilität? Das ist keineswegs notwendig. (Persönlich kümmere ich mich absolut nicht mehr um den sichtbaren „Erfolg" meines Weges hier unten.) Doch füge ich folgendes hinzu: Weshalb soll eine Existenz, angenommen es gelingt ihr nicht, sich festzusetzen oder in einem greifbaren Werk Frucht zu tragen, einen geringeren Wert haben als eine andere? Weshalb sollte die Welt, die beständige Familien und wohletablierte Leute braucht, nicht auch diese beweglichen Wesen und fahrenden Leute brauchen, deren Wirken seinen Ausdruck in einer Reihe von scheinbar diskontinuierlichen, alle möglichen Bereiche umfassenden Anstößen oder Versuchen findet? ... Es ist etwas Großes, nicht zu wissen, wohin man sein Haupt legen soll, wenn man den Glauben an die Welt im Herzen trägt.

Persönlich komme ich von einer einmonatigen, recht harten, aber durchaus interessanten Reise nach Honan[3] zurück, das von den Banditen gesäubert ist, die es seit zwanzig

Jahren unzugänglich machten. Ich habe den Tsingling von Norden nach Süden durchquert und so die Becken des Hoang-ho und des Yang-tse verbunden. Die pittoreske Seite einer Reise berührt mich immer weniger. Doch ich fühle mich immer mehr dem „Dienst an der Welt" geweiht. Jetzt rechne ich damit, bis zum Herbstende daheim zu bleiben, dann hoffe ich, die fossilienführenden Höhlen mit menschlichen Werkzeugen besuchen zu können, die im Kwangsi[4] gemeldet werden. Ich greife immer weiter über Nordchina hinaus. Dann wird Breuil[5] kommen. Ich frage mich, ob ich nicht im Frühjahr über Frankreich reise[6]. Vom September bis Dezember muß ich im Labor viel Arbeit in kurzer Zeit erledigen. Wir ertrinken in zu veröffentlichenden Ergebnissen.

[1] *Peking,* siehe S. 96, Anmerkung 1.
[2] Engl.: Habe Vertrauen ins Leben.
[3] Teilhard, in Nordchina (Peking, Tientsin) stationiert, ist nach Zentralchina vorgestoßen: *Honan* liegt zwischen den beiden Flüssen *Hoang-ho* (Gelber Fluß) und *Yang-tse* (Blauer Fluß). Der *Tsinling*-Schan ist ein Gebirgszug südlich des oberen *Hoang-ho.*
[4] *Kwangsi* ist eine Provinz noch weiter im Süden Chinas, wohin Teilhard im Januar 1935 auf dem Seeweg über Shanghai und Kanton aufbricht, zusammen mit den chinesischen Kollegen Wong und Pei. Sie nehmen den Rückweg über Nanning an der indochinesischen Grenze. Teilhard hat auf diese Weise auf seinem Forschungsgebiet die Verbindung zwischen Nord- und Südchina hergestellt.
[5] Abbé Henri *Breuil* (1877–1961), Professor am Paläontologischen Institut und am Collège de France von Paris, ist als Erforscher der Steinzeitkunst berühmt geworden. Erst Lehrer, dann Kollege und priesterlicher Freund Teilhards, stand dieser mit ihm in regem Briefwechsel. Nach dem Tod Dr. Blacks (siehe S. 88, Anm. 2), des Direktors des Geologischen Dienstes, schreibt Teilhard am 18. März 1934 an Breuil: „Aber wie widersinnig ist doch allem Anschein nach das Leben! So widersinnig, daß man auf einen hartnäckigen und verzweifelten Glauben an die Realität und das ewige Fortleben des Geistes zurückgeworfen wird. Sonst (ich will sagen: wenn es keinen Geist gäbe) müßte man ein Dummkopf sein, wenn man dem Streben des Menschen nicht mit Streik begegnen würde." Und am 18. Juni: „Black fehlt mir sehr. Es liegt wie ein dauernder Schatten in mir. Wenigstens Ihre Freundschaft bleibt mir erhalten."[76] Nach Blacks Tod über-

nimmt Teilhard die Leitung der Ausgrabungen, der Laborarbeiten sowie der Veröffentlichungen, worauf er am Ende dieses Briefs anspielt.
⁶ Teilhard wird zusammen mit Abbé Breuil im Mai 1935 mit der Transsibirischen Eisenbahn nach Paris fahren. Im September wird er sich in Marseille nach Bombay einschiffen, um an einer amerikanischen Expedition unter der Leitung von Helmut de Terra in Indien teilzunehmen. Dort wird Teilhard Rhoda de Terra kennenlernen (siehe S. 118).

16   Vertrauen und Sich-Überlassen

Der letzte uns bekannte Brief Teilhards an die erkrankte Ida Treat vom 16. Januar 1952[77] faßt zusammen, wovon Teilhard bis an sein Lebensende unerschütterlich überzeugt ist: Herkunft, Entwicklung und Ziel des Universums ist nach bestem Wissen (Studium) und Gewissen (Erfahrung) nicht aus dem „schwarzen Loch" des Nichts zu erklären, sondern aus einem „brennenden Zentrum", das „Leben" und „Liebe" sein muß. Deshalb kann man sich der Bewegung des Lebens anvertrauen und sich ihr überlassen, auch wo sie uns in den Tod führt.

New York, 16. Januar 1952

Diese Zeilen, um Sie meiner großen Sympathie, meiner Gebete und meiner Wünsche für eine rasche Genesung zu versichern. Möge die Ruhe Ihres Briefes für Sie erhellt und erwärmt worden sein vom Sinn für das Vertrauen und das Sich-Überlassen, den wir alle dieser machtvollen und gewaltigen Bewegung des Universums gegenüber verspüren müssen, die in einer ersten Annäherung in den Augen der Wissenschaft ein „Prozeß" ist: die aber, wie sich beim *vollständigen* Studium des Menschen erweist, gewissermaßen von der Art eines Lebens und sogar einer Liebe sein muß. Nicht das „schwarze Loch", sondern das brennende Zentrum, welches auch immer es sei.

Könnten wir doch, Sie und ich, durch alle Erfolge und Mißerfolge unserer Existenz hindurch in der Schau und der Gegenwart dieses einzig Notwendigen wachsen.

An Rhoda de Terra

1933 lernt Teilhard de Chardin auf dem Internationalen Geologenkongreß in Washington den Asienforscher Helmut de Terra kennen, der dort einen Vortrag über die geologischen Beziehungen zwischen den Alpen und dem Himalaja gehalten und über einige Funde steinzeitlicher Artefakte in Kaschmir und den Fußhügeln des Himalaja berichtet hat. Sie deuten auf Spuren des Frühmenschen hin, wodurch Aussicht besteht, die menschliche Vorgeschichte in Asien weiter zu klären. Deshalb lädt de Terra Teilhard zur Teilnahme an einer weiteren Expedition ein, die von September bis Dezember 1935 in Indien stattfindet.

„Es amüsierte (Teilhard) gewiß nicht wenig", erzählt Helmut de Terra[78], „das Hauptquartier meiner Expedition zu sehen: ein geräumiges Hausboot, das ich mit meiner Frau und kleinen Tochter teilte. Was er über solch ein romantisches Quartier auch denken mochte, so ließ doch seine gütige Art davon nichts merken. Wie er so im Khakianzug am Tische saß und in weltmännischer Art plauderte, hätte man ihn wahrlich nicht für einen Priester halten mögen."

Datiert Teilhards Freundschaft mit Rhoda de Terra aus dieser ersten Begegnung aus Indien oder erst aus der zweiten vom März 1937, als Teilhard „als willkommener Gast bei mir und meiner Frau in unserer Vorstadtwohnung bei Philadelphia"[79] wohnt, um als einziger Franzose an einem Symposion der Carnegie-Stiftung in Philadelphia teilzunehmen? Man will unter Experten einen systematischen Plan für die kommenden Forschungen über die Abstammung des Menschen entwerfen.

Teilhard reflektiert in der Zwischenzeit weiter über die Rolle der Frau für den Mann und schreibt in seinem Essay „Ein personales Universum", datiert vom Mai 1936 in Peking: „Durch die Frau und durch die Frau allein kann der Mann der Isolierung entgehen, in die gerade seine Vollkommenheit ihn einzuschließen droht. Es ist also nicht mehr ganz im strengen Sinne richtig zu sagen, die Masche des Universums sei für unsere Erfahrung die denkende Monade. Das vollständige menschliche Molekül ist um uns herum ein synthetischeres und von vornherein vergeistigteres Element als die Individual-Person – es ist eine Dualität, die zugleich das Maskuline und das Feminine umgreift."[80] Schon ein Niederschlag der Begegnung mit Rhoda de Terra?

Vom Dezember 1937 bis März 1938 trifft Teilhard Rhoda de Terra und ihren Mann wieder auf einer Harvard-Carnegie-Expedition in Indien, von der Helmut de Terra anmerkt: Teilhard „schien mit meinen täglichen Vorkehrungen, was Unterkunft und Verpflegung anbelangt, immer einverstanden, wozu die fürsorgende Hilfe meiner Frau allerdings wesentlich beitrug."[81]

Briefe Teilhards an Rhoda de Terra liegen vom 5. Juni 1938 bis 8. September 1950 vor und sind unter dem deutschen Titel „Briefe an eine Nichtchristin" veröffentlicht, ein Beispiel, wie unwichtig konfessionelle und weltanschauliche Übereinstimmung dort ist, wo Freundschaft herrscht.

Vor allem in Teilhards letzten Lebensjahren während seines zweiten Exils in New York ist Rhoda de Terra Teilhards Stütze. Sie begleitet ihn auch nach Afrika auf seinen letzten Expeditionen zur Entdeckung des Frühmenschen und auch 1954 auf seinem letzten Heimatbesuch. In ihrer New Yorker Wohnung während des Nachmittagstees stirbt Teilhard am Ostersonntag 1955 an einer Herzattacke.

17 Das Leben wird Sie auf die Höhe bringen

*Der Brief vom 16. Januar 1939[82] stammt von einem längeren
Europa-Aufenthalt Teilhards – von November 1938 bis Juni
1939, dem letzten vor Ausbruch des Zweiten Weltkrieges, der
Teilhard bis Mai 1946 in China festhalten wird. Er ist im September 1938 über die USA, wo er Rhoda de Terra vermutlich
in New York gesehen hat, nach Paris gefahren, verbringt
Weihnachten bei seinem Bruder Gabriel im verschneiten
„Murol" am Allier in der Auvergne, hält im Februar 1939 auf
Einladung des Rektors des Institut Catholique in Toulouse,
seines Freundes Bruno de Solages, dort einige Vorträge, hat
im März 1939 in London und Cambridge zu tun und fährt
am 23. Juni nach New York – in Begleitung seines alten Stu-
dienfreundes Pierre Charles aus Löwen und seiner Cousine
Marguerite Teillard-Chambon, die in Amerika für ihr nächstes Buch „Lincoln, Held eines Volkes" recherchieren will.*

*Teilhard besucht – neben Rhoda de Terra! – die Künstle-
rin Malvina Hoffnung und seinen Kollegen Weidenreich am
American Museum, in Chicago seinen Freund Field und in
Berkeley den Geologischen Kongreß und die Weltausstel-
lung. Kurz vor Kriegsausbruch fährt er in Begleitung von Lucile Swan, die ihre Eltern besucht hat, über Japan nach
China zurück.*

*Diese Daten und der folgende Brief spiegeln Teilhards Ak-
tivitäten und Probleme auf dem Höhepunkt seiner Lauf-
bahn. Er ist in Paris ein ersehnter Gesprächs- und
Diskussionspartner, er schreibt bzw. es erscheinen von ihm
während dieser fast einjährigen Reise vier Artikel, und er arbeitet weiter an seinem Hauptwerk „Der Mensch im Kosmos". So sehr er die anregende Atmosphäre von Paris schätzt
und seine Heimat, die Auvergne, mehr liebt denn je – China
ist nicht mehr nur der Ort der Verbannung, sondern ein Re-
fugium, wohin er zu seinen wichtigsten Arbeiten gern zu-*

*rückkehrt, wie nebenbei die Weltstädte in Ost und West
aufsuchend, in denen er als anerkannter Wissenschaftler
und geschätzter Freund willkommen ist. Die Spannungen
innerhalb der Kirche und des Ordens berühren ihn nur
noch am Rande. Was Teilhard einzig interessiert, ist das innere Wachstum der Herzen hin zu mehr Vertrauen auf den
Sinn des Lebens, auf die „gute Erde" und ihr Geheimnis. Darüber sich mit Menschen austauschen zu können, ist sein
ganzes Glück, und zu diesen gehört Rhoda de Terra.*

Paris, 16. Januar 1939

Meine kostbaren Vormittage sind seit vierzehn Tagen von
einer wachsenden Zahl von Besuchern gefährlich ange-
kratzt worden: eindringliche und nützliche Gespräche, bei
denen ich das Gefühl hatte, tiefer in das Verständnis meiner eigenen Gedanken einzudringen. Ich kann solche Be-
gegnungen nicht bedauern, die vielleicht der beste Teil
meiner Arbeit sind. Und doch, wenn man zwischen 8 und
12 Uhr vormittags drei Leute gesehen hat, dann bleibt
kaum Zeit für das eigene Schreiben ...[1]
Ich freue mich, an Ihnen die Ergebnisse Ihrer letzten Erfahrungen zu beobachten. Vertrauen Sie nur dem Leben:
Das Leben wird Sie auf die Höhe bringen, wenn Sie nur in
dem Labyrinth der Ereignisse sorgfältig solche Einflüsse
oder solche Wege aussuchen, die Sie jedesmal etwas weiter-
tragen können. Das Leben muß Schritt um Schritt entdeckt
und aufgebaut werden: das macht seinen großen Reiz aus,
wenn man nur (durch Glaube und Erfahrung) davon überzeugt ist, daß die Welt irgendwohin geht.
Seit meinem letzten Brief bin ich für eine Woche in
meine heimatliche Auvergne[2] gefahren, wo ich eine Woche

121

bei meinem lieben „heiligen" Bruder[3] und seiner geistreichen Frau verbracht habe. Kaltes Wetter in einem eisigen alten Landhaus. Doch war es so nett, rund um das Feuer zu hocken, obwohl mit dem Holz hereingetragene Schneeklumpen im Treppenhaus noch nicht schmolzen. Meine Schwägerin ist eifrig dabei, die Bauernmädchen in einer der christlichen Berufsgruppen zu organisieren, die sich seit einigen Jahren sehr rasch über Frankreich ausbreiten. Es ist wirklich erstaunlich, wie rasch diese früher scheuen und verschlossenen Mädchen sich in aktive, offene und sogar begeisterte junge Personen verwandeln, sobald sie zu Berufsstolz und zur Achtung der „guten Erde" erwachen.

Und jetzt stecke ich wieder inmitten des Pariser Lebens. Fast jeden Tag neue Kontakte, bei denen ich, was eigenartig genug ist, nicht das Gefühl habe, mich selbst zu verlieren, sondern zu finden. Doch würde es ausgezeichnet passen, wenn ich im nächsten Jahr sechs oder acht Monate zurückgezogen in China verbringen könnte. Ich brauche diese Zeit, um zu assimilieren und niederzuschreiben, was ich jetzt sehe; und aus irgendeinem dunklen Grunde ist der Ferne Osten das Klima, das mich am kräftigsten zum Schreiben anreizt. Mit Rom scheint die Spannung (soweit ich betroffen bin) abzuklingen: Ich habe an meinen französischen Freunden und Kollegen eine gute Stütze[4]. Doch sehe ich voraus, daß ich, wenn es mir (wie höchst wahrscheinlich) erlaubt wird, nach China zurückzukehren, mein Hauptquartier wohl in Tientsin[5] aufschlagen muß statt in Peking[6] (wo ich dem kanadischen Direktor des neuen „Klosters" offen unerwünscht bin), zumindest für eine Weile.

[1] Im Juni 1938, noch in China, hat Teilhard mit der Ausarbeitung seines Hauptwerkes „Der Mensch im Kosmos" (Le Phénomène humain) begon-

nen, das er im Juni 1940 abschließen wird. Im November 1938 schreibt er den Artikel „Soziale Vererbung und Fortschritt. Bemerkungen zum menschlich-christlichen Wert der Erziehung". Vom 13. März stammt die Notiz: „Wie ist auf der Linie der menschlichen Energie die Kunst zu verstehen und zu nutzen?" Im März erscheint in der Pariser Jesuitenschrift „Études" der Artikel „Die Mystik der Wissenschaft", und am 5. Juni schließt er den Beitrag ab, der auch in den „Études" erscheinen wird: „Die natürlichen menschlichen Einheiten. Versuch einer Biologie und einer Moral der Rassen."

2 Siehe S. 14 f.

3 „Gabriel ist der wirkliche ,Jesuit' in der Familie, ich bin nur ein geistlicher Abenteurer", äußert sich Teilhard einmal über seinen *Bruder*, der 1941 nach mehrmonatiger Krankheit sterben wird, nachdem er am Anfang des Krieges als Luftwaffenoffizier eingezogen wurde. Er befaßte sich vor allem mit der Verwaltung der Güter der Familie.

4 Am 14. Dezember 1938 hatte Teilhard an Rhoda de Terra berichtet: „In Lyon [beim Provinzial] wurde mir ein sehr strenger Brief meines Generals [der Jesuiten in Rom] entgegengehalten, der sich über ein Papier von mir beklagte, das durch irgendein Leck herausgekommen ist (kein schlechtes, aber nicht die Art, die ich ausgewählt hätte, um es römischer Kritik zu unterwerfen), und der sich gleichfalls darüber beklagte, daß ich die Köpfe meiner jüngeren Kollegen in China verwirrte (?). Natürlich bedeutet das neue Einschränkungen. Glücklicherweise sind meine französischen Oberen sehr verständnisvoll, so daß ich ernstlich hoffen kann, praktisch unbehelligt davonzukommen."[83]

5 Siehe S. 77, Anm 7.

6 Tatsächlich schlägt Teilhard in China sein Quartier gleich in der Direktion des Geologischen Dienstes von *Peking* (siehe S. 96, Anm. 1) auf, bedingt durch die japanische Invasion, die Teilhard im Frühjahr 1940 miterlebt.

18   Jung bleiben bis zum Ende

Der Brief vom 22. Juni 1941[84] *aus Peking gibt ein lebendiges Bild vom Leben Teilhards während des Zweiten Weltkrieges. Immer noch beschäftigt ihn und seine Freunde das gespannte Verhältnis zu den kirchlichen Behörden, doch Teilhard ist entschlossen, den Orden und die Kirche nicht zu verlassen, sondern sie von innen her zu reformieren. Dem dient in der kriegsbedingten Isolierung in China seine inten-*

sive Schriftstellerei. Sie tröstet ihn auch über die Evakuie-
rung seiner besten Freunde, darunter Lucile Swan, hinweg.
In der kriegerischen Auseinandersetzung sieht Teilhard eine
Wachstumskrise: es gilt, zwischen Kollektivismus und Indi-
vidualismus einen Weg der Synthese zu finden. Ihn sucht
der nun sechzigjährige Teilhard auch für sein persönliches
Leben: das Heim einer familiären Gemeinsamkeit. Rhoda de
Terra wird es ihm nach dem Krieg für die letzten Jahre seines
Lebens in New York bieten.

Peking[1], 22. Juni 1941

Ich habe Ihren langen und schönen Brief erhalten, in dem
Sie mich drängen, nachdrücklicher meinen Weg zu einem
freieren Aussagen meiner *Weltanschauung* zu erzwingen.
Sie dürfen sicher sein, daß ich Ihren Standpunkt durchaus
verstehe. Doch wie ich Ihnen häufig schon sagte, liegt die
einzige und große Schwierigkeit in meiner Überzeugung,
daß meine besten Anstrengungen nutzlos wären, wenn ich
mit dem religiösen Strom bräche, bei dem das Problem
nicht darin besteht, ihn zu bekämpfen, sondern ihn umzuwandeln. Auf einem solchen Schlachtfeld kann ich nicht
aus politischen Überlegungen, sondern aus reiner Überzeugung nur von *innen her* wirken. Hoffen wir das Beste. Bisher habe ich noch keine Reaktion von Rom zu meinem
Buch[2]. Doch weiß ich, daß das Manuskript sein Ziel erreicht hat, so daß es jetzt geprüft wird. Es ist in seiner Weise
ein schwach günstiges Symptom, daß ich nichts höre. Zumindest scheint die Sache ernsthaft in Betracht gezogen zu
werden. Mittlerweile ist ein kurzer Aufsatz[3] (auf Französisch) in Schanghai wahrscheinlich fertig gedruckt (fast drei
Monate für dreißig Seiten!). Ich werde ihn Ihnen senden, sobald ich ihn bekomme. Ich habe das Gefühl, meine Seh-

weise wird sehr rasch einfacher und schärfer. Ich werde in einigen Monaten versuchen, sie neu auszusagen, sobald ich zwei ziemlich dicke wissenschaftliche Schriften[4] beendet habe, die jetzt fast fertig sind. All diese Arbeit hält mich in Trab, glücklicherweise. Denn Peking wird mit jedem Tag verlassener. Eine letzte Gruppe amerikanischer Freunde reist im August ab[5]. Wenn ich hier nicht teilweise gebunden wäre durch die Sorge für den Restbestand des Känozoischen Labors und unser neugeborenes Institut[6], würde ich, so glaube ich, nicht bleiben. Und tatsächlich glaube ich nicht, daß ich bleiben werde, falls sich die Gelegenheit bietet, eine Reise irgendwohin ins Ausland zu machen. Ich nehme an, die Antwort aus Rom wird mir den Weg nach vorn weisen.

Ich möchte Ihnen nichts über die politische Lage sagen, die äußerst schmerzvoll ist für jeden Franzosen, der wie ich das angelsächsische Volk und seine Kultur liebt[7]. Ich halte immer noch an der Hoffnung fest, daß wir auf eine wirklich neue Erde zugehen, daß eine vorläufige Form für die notwendige Synthese der Kollektivisation mit persönlicher Freiheit gefunden wird[8]. Nichts kann uns retten außer das Erwachen des Menschen zu zwischenmenschlichen Affinitäten. Biologisch und physisch ist die Sache im Übermaß evident. Die Schwierigkeit ist, das Streichholz zu finden, das das Feuer entzündet.

Ist Ihnen klar, wie alt ich jetzt bin?... und doch hoffe ich, jung zu bleiben bis zum Ende, für Gott ...

P.S. Heute, ein prächtiger Tag, fahre ich mit meinem Hammer und einem guten französischen Freund zu den Hügeln[9]; und übermorgen nach Tientsin[10] (für zwei Tage). Seit einem Jahr bin ich nicht mehr Zug gefahren! Können Sie sich das vorstellen? Tatsächlich fühle ich mich hier in meiner neuen Umgebung glücklich: mein erstes *Heim* in meinem Leben[11]. Ich werde vielleicht tatsächlich alt?

¹ *Peking* (siehe Seite 96, Anm. 1) ist seit der Besetzung durch die japanischen Truppen von Hunderttausenden japanischer Zivilisten überströmt, die „Japanisierung" ist in vollem Gange. An die 50 Millionen Chinesen flüchten aus den nördlichen Provinzen vor den Japanern nach Südwesten. In Peking und Tientsin kommt es zu Spannungen zwischen den Ausländern und den Japanern, zu Blockaden und Versorgungsschwierigkeiten.
² Teilhard hat vom Juni 1938 bis Juni 1940 an seinem Hauptwerk „Der Mensch im Kosmos" (Le Phénomène humain) gearbeitet. Lucile Swan hat die Herstellung von drei Kopien organisiert, und Teilhard hat eine Kopie durch einen Freund, der amerikanischer Diplomat ist, nach Washington und von dort nach Frankreich und Rom gelangen lassen, um es dort der kirchlichen Zensur vorzulegen.
³ Es handelt sich vermutlich um die „Gedanken über den Fortschritt"[85], die aus zwei Teilen bestehen: „1. Die Zukunft des Menschen in den Augen eines Paläontologen" und „2. Über die möglichen Grundlagen eines gemeinsamen menschlichen Credos". Beim ersteren handelt es sich um einen Vortrag in der Französischen Botschaft am 3. März 1941, beim zweiten Teil um Bemerkungen zum jüngsten Kongreß über Naturwissenschaft und Religion in New York, an dem Teilhard nicht teilnehmen durfte.
⁴ Teilhards geologische und paläontologische *Schriften* liegen in einer elfbändigen Faksimile-Ausgabe vor: L'Œuvre scientifique. Textes réunis et édités par Nicole et Karl Schmitz-Moormann. Préface de Jean Piveteau de l'Institut. Walter-Verlag, Olten 1971.
⁵ Unter ihnen Lucile Swan, die zu Teilhards sechzigstem Geburtstag am 1. Mai 1941 noch ein gelungenes Fest gegeben hat.
⁶ *Laboratorium* für das *Känozoikum:* die letzte Periode des Tertiärs und der Beginn des Quartärs. Das von Pater Licent in Tientsin gegründete Naturhistorische Museum wurde von Teilhard und Pater Leroy in ein Geobiologisches *Institut* verwandelt und nach Peking verlegt.
⁷ Teilhard spielt auf die Zusammenarbeit der Vichy-Regierung in Frankreich mit den Deutschen an: „In den angelsächsischen Kreisen, die mir zur zweiten Familie geworden sind und denen ich eine unvergängliche Sympathie bewahre, ist es mir besonders peinlich, gewisse Haltungen Vichys ‚hinunterzuwürgen'. So sehr ich seit 1920 stets für ein herzliches Einvernehmen mit Deutschland Partei ergriffen habe, so sehr widerstrebt mir jetzt das erzwungene Einvernehmen, das für wahre Freunde eine Art Verleugnung mit sich bringen würde", schreibt Teilhard am 30. Oktober 1940 an seinen Bruder Joseph[86].
⁸ Diesen Gedanken führt Teilhard weiter aus in dem am 20. Januar 1942 in Peking abgeschlossenen Artikel: „La montée de l'autre" (Der Aufstieg des anderen)[87]: Weder Ameisenstaat noch schrankenloser Egoismus sind die Lebensform der Zukunft, sondern einzig die persönliche Entfaltung im Dienst an der Gemeinschaft hat Zukunft.
⁹ Am 12. November 1942 schreibt Teilhard an seinen Bruder Joseph: „Der

Krieg im Pazifik hat mich natürlich meiner amerikanischen Unterstützung in Peking beraubt, so daß ich meine ganze Zeit in unserem kleinen
Haus direkt neben der Französischen Botschaft verbringe, das heißt gerade
im Zentrum meiner freundschaftlichen und gesellschaftlichen Beziehungen. Arbeit im Gelände ist ausgeschlossen, außer in den Hügeln von Peking, wo ich das, was mir an Jugend bleibt, dadurch erhalte, daß ich mit
dem Hammer in der Hand auf den Abhängen herumklettere."[88]
[10] Siehe S. 77, Anmerkung 7.
[11] Siehe Anmerkung 9 zu diesem Brief.

19   Einfach stur und sanft

Der Brief vom 8. Februar 1949[89] *gibt ein eindrucksvolles Bild
von den Schwierigkeiten des nun immer berühmter, aber
für gewisse Kreise auch berüchtigter werdenden Teilhard in
Europa. Im Mai 1946 war er aus China nach Paris zurückgekehrt. Im Juli 1946 eröffnete der Dominikaner Garrigou-Lagrange in der in Rom erscheinenden theologischen Zeitschrift „Angelicum" unter dem Titel „Wohin führt die Neue
Theologie?" eine Kampagne gegen einige französische Theologen, vorwiegend Jesuiten, unter ihnen vor allem Teilhard:
eine vorbeugende Abrechnung mit seiner Auffassung von
der Entwicklung auch des christlichen Glaubens in einer
sich entwickelnden Menschheit. So war es fruchtlose Arbeit,
daß sich Teilhard mit seinem Freund und Theologen Henri
de Lubac (siehe S. 89, Anm. 11) und mit Bruno de Solages
(siehe S. 90, Anm. 17) vom 6. bis 8. Januar 1947 zusammen-
setzte, um das Manuskript „Der Mensch im Kosmos" zu verbessern und so der kirchlichen Zensur entgegenzukommen.
Die römischen Gegner waren entschlossen, Teilhard keine
Chance zu geben, zumal im April 1947 Bruno de Solages im
„Bulletin de littérature ecclésiastique" „Für die Ehre der
Theologie" (Haupttitel) und Teilhards eine Lanze brach und
„Die Unsinnigkeiten des R. P. Garrigou-Lagrange" (Unterti-
tel) anprangerte.*

*Diese Auseinandersetzungen nahmen Teilhard arg mit:
Am 1. Juni 1947 wurde er mit einem Herzinfarkt ins Kran-
kenhaus eingeliefert, was den Jesuitengeneral nicht hin-
derte, Teilhard am 22. August mit dem Index zu drohen.
März 1948 konnte Teilhard auf seiner Reise in die USA dem
Druck in Europa für kurze Zeit entgehen, doch kehrte er im
Juni mit Depressionen zurück. Im August reichte er beim
berühmten Collège de France in Paris seine Unterlagen ein,
da ihm eine Berufung in Aussicht gestellt worden war. Am
21. September hielt er in Versailles vor den umstrittenen Ar-
beiterpriestern einen Vortrag, der in Rom mit gemischten
Gefühlen, letztlich negativ aufgenommen wurde. Ein Besuch in der Ordenskurie in Rom im Oktober 1948 konnte die
Beziehungen Teilhards zu seinen höheren Oberen auch
nicht verbessern. Trotzdem, das zeigt dieser Brief, kommen
für Teilhard spektakuläre Reaktionen nicht in Frage. Er ist
überzeugt, am richtigen Platz zu sein, weiß sich aber einer
größeren Bewegung zugehörig, die jenseits der kleinkarier-
ten kirchlichen Gruppen die Menschheit auf einer höheren
Ebene vereinigen wird. Zeichen dafür sind ihm seine zahlrei-
chen Freundschaften mit Menschen außerhalb des Christentums. Dazu gehört auch Rhoda de Terra.*

15, Rue Monsieur[1], Paris VII, 8. Februar 1949

Ich habe Ihnen zu berichten, daß ich endlich einen Brief
aus Rom erhalten habe und daß (wie zu erwarten war) der
Brief nicht gut ist: keine Vorlesungen in Amerika[2] (die Oberen in Amerika haben Einwände gegen den Plan erhoben,
der, so fürchte ich, ihnen in einer „unpolitischen" Weise
vorgeschlagen worden war, wobei die begrenzte Zahl und
das hauptsächlich technische Thema der Vorlesungen nicht
genügend betont wurden; doch was kann ich tun); keine

128

Druckerlaubnis für *Le Milieu divin*[3] (es wurde von einem römischen Zensor ziemlich bösartig mißhandelt, obwohl es 1930 von den Theologen in Löwen einmütig angenommen worden war und seit zwanzig Jahren von einer Menge Priester und religiöser Menschen jeglicher Färbung extensiv gelesen und benutzt wurde); der Schatten einer Chance besteht noch für das *Phénomène humain*[4] (das weiter geprüft wird), doch ist nicht viel Hoffnung geblieben. Und *schließlich* werde ich einmal mehr aufgefordert, mich an rein wissenschaftliche Themen zu halten, was natürlich psychologisch unmöglich ist.

Nun, auf den ersten Blick scheint das ein hübscher Schlamassel zu sein. Doch in Wirklichkeit, glaube ich, werden die Dinge in der nächsten Zukunft genauso weitergehen. P. d'O.[5] sieht keinen Grund, weshalb ich meine Sorbonne-Vorlesungen[6] aufgeben sollte. Und ich werde weiterhin zu kleinen Gruppen von Leuten sprechen und wie vorher für einen kleinen Kreis schreiben. Die Erfahrung zeigt, daß dieses Vorgehen äußerst wirkungsvoll ist. Und später wird Gott vorsorgen, und wir werden sehen. Um ehrlich zu sein, der schwächste Punkt der Situation gerade jetzt ist, daß ich kaum für ein paar Monate verschwinden könnte, wie ich es früher mit China zu tun pflegte. Die beste Zuflucht wäre Amerika – aber wann und wozu? Ich habe an P. L.[7] um eine eventuelle Unterkunft geschrieben. Und ich werde auch Fejos[8] schreiben, um ihm die derzeitige Situation zu erklären. Möglicherweise hat er irgendwelche Vorschläge für eine rein wissenschaftliche Arbeit. *Beim gegenwärtigen Stand der Dinge* den Orden zu verlassen wäre selbstmörderisch, soweit der Erfolg meines „Evangeliums" in Frage steht. Abgesehen von der schlechten Wirkung der Geste auf meine „Anhänger", vergessen Sie bitte nicht, daß meine ganze geistige Konstruktion ursprünglich auf einer ausgeweiteten und „verjüngten" Gestalt Christi aufgebaut ist (oder genauer, in ihr kulminiert): so ist mir der Weg einer Trennung von der „Kirche“ versperrt, die, biologisch gesprochen, das „Phylum“[9] Christi ist. Das einzige, was ich tun kann, ist *„von innen her“* zu arbeiten. Versuchen Sie, das zu verstehen. Und vergessen Sie ebensowenig, daß die Dinge manchmal in höchst seltsamer und unerwarteter Weise wirken. Außer der wirklichen „Reklame“, die die gegenwärtigen Schwierigkeiten für meine Ideen bedeuten, ist da weiter die Tatsache, daß der Konflikt mir nicht unwesentlich hilft, das Problem und seine mögliche Lösung immer besser auszuleuchten. Der General[10] ist aus politischen Gründen ziemlich engherzig und streng; doch er hat zu jemandem gesagt, daß ich möglicherweise eine Art „Vorläufer“ sei, was (ob es stimmt oder nicht stimmt) beweist, daß er nicht vollständig blind ist, soweit der Wert meines geistigen Standortes in Frage steht. Mit anderen Worten, das Beste scheint, zumindest gegenwärtig, für mich zu sein, die „Maultier“-Taktik zu übernehmen; einfach stur und sanft sein …

Eines habe ich Ihnen noch nicht berichtet, daß nämlich die Versteifung des Generals teilweise auf den unglücklichen (und lächerlichen) *Bericht* zurückzuführen ist, der im *Osservatore Romano*[11] über meinen in Versailles im September gehaltenen Vortrag[12] veröffentlicht wurde. Würden Sie glauben, daß ich in diesem *Bericht* unter die „hervorragenden Theologen“ gezählt wurde? In Rom klangen diese Worte wie eine Herausforderung, und eine Notiz berichtigte in der letzten Woche, ich sei *kein* verläßlicher Theologe. Wir haben hier in Paris herzlich gelacht. Doch in Rom nahmen sie die Sache ernst. Deshalb der Verlust eines guten Teils dessen, was ich im Oktober[13] an gutem Ruf gewonnen hatte.

Doch schon allzuviel über diese nebensächlichen Dinge. Bitte glauben Sie mir: Das Christentum ist etwas viel Größeres als diese *Kleinkariertheiten*. Wie ich Ihnen schon in meinem letzten Brief sagte, ist die Zeit gekommen, sich zwischen einer statischen oder einer sich bewegenden Menschheit zu entscheiden und zu wählen. Ich werde auf mein Leben stolz sein, wenn ich es bis zur letzten Minute als einen Beweis meines Glaubens und meines Vertrauens in eine konvergierende Bewegung des Universums benutzen kann.

[1] In der *Rue Monsieur* Nr. *15* im *VII.* Arrondissement von *Paris* befindet sich der Sitz der jesuitischen Monatszeitschrift „Études". Teilhard als Schriftsteller wurde nach seiner Rückkehr aus China dieser Jesuitenkommunität zugeteilt.

[2] Während seines Aufenthaltes in den USA März – Juni 1948 war Teilhard eingeladen worden, sechs Konferenzen an amerikanischen Universitäten zu halten. Der amerikanische Jesuitenprovinzial wagte nicht, dafür die Erlaubnis zu geben, und fragte offiziell beim Ordensgeneral in Rom an. Dadurch wurde das Projekt auf später verschoben. Jetzt jedoch war der negative Bescheid ergangen, so daß Teilhard vorerst keine Möglichkeit hatte, sich wieder nach den USA zu retten.

[3] Das Manuskript „Der göttliche Bereich" (siehe S. 101, Anmerkung 3).

[4] Das Manuskript „Der Mensch im Kosmos" (deutscher Titel) wurde von Teilhard vom Juni 1938 bis Juni 1940 in China geschrieben und auf Diplomatenwegen den römischen Behörden zur Zensur vorgelegt. 1944 erreicht Teilhard die Nachricht aus Rom, daß die Zensoren eine Veröffentlichung des Buches für inopportun halten. Am 10. Oktober 1945 äußert Teilhard gegenüber Rhoda de Terra die Hoffnung, doch noch eine Druckerlaubnis zu erhalten, da die Zensur „ziemlich milde" ausgefallen und er jetzt „in Frankreich in Gunst sei". Nach seiner Rückkehr nach Paris im Sommer 1946 verteilt er Kopien des Buches an seine Freunde de Lubac und de Solages zusammen mit den Stellungnahmen der zwei römischen Zensoren und bittet die Freunde um redaktionelle Hilfe. De Lubac schlägt zweihundertvierzig, de Solages fünfzig Verbesserungen vor, die Teilhard im Januar 1947 einarbeitet. Eine „Vorbemerkung", die Mißverständnisse verhindern soll, datiert vom März 1947. Trotzdem hat Rom kein Einsehen. Auch ein Nachtrag „Über den Rang und die Rolle des Bösen in einer evolutionären Welt", den Teilhard während seines Rom-Aufenthalts im Oktober 1948 schreibt, bleibt ohne Erfolg. Der im Brief erwähnte „Schatten einer Chance" sieht dann so aus: Nur noch etwa zwanzig Stellen des Buches werden beanstandet, die Teilhard mit Hilfe von René d'Ouince (siehe Anm. 5) bereinigt. Umsonst. Mittlerweile muß jemand erneut beim Jesuitengeneral interveniert haben, so daß definitiv der Bescheid ergeht: Das Buch darf nicht erscheinen. Da läßt Teilhard im Herbst 1949 200 Exemplare „illegal" in Paris herstellen und unter die Freunde verteilen. Als das Buch Ende

1955, nach Teilhards Tod, auf den Markt kommt, sind in einigen Monaten zehntausend, in drei Jahren über hunderttausend Exemplare verkauft. Es ist in viele Weltsprachen übersetzt und gilt als Hauptwerk Teilhards.

[5] Pater René *d'Ouince* war seit 1935 Direktor der Zeitschrift „Études" und Oberer der dazugehörigen Jesuitenkommunität, der Teilhard in Paris angehörte. Er war Teilhard freundschaftlich verbunden und versuchte, zwei Aufgaben zugleich gerecht zu werden: „einerseits Teilhard vor sich selbst zu schützen und seine Kühnheiten zu bremsen, andererseits sich zu seinem Interpreten und Garanten gegenüber den höheren Oberen zu machen". Dieses Zitat stammt aus dem zweibändigen, außerordentlich informativen und sympathischen Werk von René d'Ouince: „Un prophète en procès: Teilhard de Chardin", Aubier-Montaigne, Paris 1970, Bd. I, S. 11 (übersetzt von G. Schiwy).

[6] Auf Einladung von Jean Piveteau, der den Lehrstuhl für Paläontologie an der Pariser Universität „La Sorbonne" innehat, beginnt Teilhard Ende Februar eine Vorlesungsreihe „Über die menschliche zoologische Gruppe", woraus ein Buchmanuskript wird, das er im August 1949 abschließt. Es erscheint nach seinem Tode, dt. Titel: „Die Entstehung des Menschen".

[7] Father (Pater) *John Lafarge* war der Pater d'Ouince entsprechende Direktor der Jesuiten-Zeitschrift „America. National Catholic Weekly" in 329 West 108th Street in New York, wo Teilhard abstieg, wenn er in den USA zu tun hatte.

[8] Der gebürtige Ungar Paul *Fejos* war Direktor der New Yorker Wenner Gren Foundation, für die Teilhard schon öfters gearbeitet hatte. Sie wird ihn im Dezember 1951 als „Research associate" für die Koordination der Forschungen über die Entstehung des Menschen in Afrika anstellen und dadurch das wegen der Schwierigkeiten in Paris von Teilhard gewünschte amerikanische Exil ermöglichen, das bis zu seinem Tode 1955 währen wird.

[9] *Phylum:* in der Biologie die höchste Kategorie innerhalb der Pflanzen und Tiere, z.B. Spaltpilz, Samenpflanzen, Urtiere, Weichtiere, die sich dann weiter in Arten und Rassen aufteilen. Wenn man wie Teilhard die Kirche als den Stamm Christi in der Menschheit erkannt hat, gibt eine Trennung für ihn keinen Sinn.

[10] Der aus Belgien stammende Jesuiten*general* Johannes B. Janssens (1946–1964).

[11] Die offiziöse Zeitung des Vatikans.

[12] Der Vortrag lautete: „Der Neo-Humanismus und seine Auswirkungen auf das Christentum".

[13] Teilhard weilte im Oktober 1948 an der Ordenskurie in Rom, wo sich alles zunächst gut anließ. Am 28. Oktober 1948 schrieb Teilhard an Abbé Breuil: „Ich habe mit meinen Vorgesetzten mehrere Unterredungen in einer ganz vertraulichen und freundschaftlichen Atmosphäre gehabt ... Alles in allem sehe ich dem Ausgang der Angelegenheit mit großer Gelassenheit entgegen."[90]

20 Das Weibliche, Geist der Vereinigung

Der Brief vom 12. August 1950[91] aus Teilhards Heimat, der Auvergne, wo er sein geistliches Testament, die autobiographische Skizze „Das Herz der Materie" zu schreiben beginnt, zeigt eindrucksvoll die Spannweite seines Lebens. Immer noch verwurzelt in der Heimat, ohne ihrer Enge verhaftet zu sein, den Blick auf Asien gerichtet, wo der Koreakrieg gerade begonnen hat, blickt er auf das Gewebe seines 69jährigen Lebens zurück und entdeckt als alles durchschießenden Faden „das Weibliche", den „Geist der Vereinigung". Am gleichen Tag, da Teilhard diesen Brief schreibt, wird in Rom die Enzyklika Pius' XII. „Humani generis" (Über einige falsche Ansichten, die die Grundlagen der katholischen Lehre zu untergraben drohen) veröffentlicht, in der auch Teilhard gemaßregelt wird (siehe S. 147, Anmerkung 2).

Les Moulins[1], 12. August 1950

... als ich gestern im Zug nachdachte, kam ich zu dem Schluß, die beste Beschäftigung, die ich mir für diesen Monat wählen könnte, wäre ein Vesuch, zumindest eine Skizze meines Essays über *Das Herz der Materie*[2] zu schreiben. Und jetzt sehe ich besser, daß das Ganze aus vier (und nicht nur drei) Fäden gewoben werden muß, nämlich: *Das Kosmische*[3], *das Humanum, das Christische und das Weibliche,* auch wenn ich noch nicht genau sehe, wie das vierte Element einzusetzen ist, das in einem gewissen Ausmaß weniger als ein eindeutiges Element in sich selbst zu wirken scheint denn als eine subtile Essenz der drei anderen: *„Der Geist der Vereinigung".*

Das Land hier ist etwas grüner als im letzten Jahr. Doch die „Eingeborenen" beklagen sich, daß der Boden ihnen

noch trockener sei [die meisten Quellen liefern weniger
Wasser als vor einem Jahr]. Die Trauben wären fast großartig geworden: doch kann alles fehlschlagen, wenn der Regen nicht kommt. Was natürlich eine viel finsterere
Aussicht ist denn irgendein Koreakrieg.

[1] *Les Moulins* bei Neuville in der Auvergne, der Landsitz von Teilhards
Bruder Joseph.
[2] Zu dem Titel *Das Herz der Materie* hat sich Teilhard durch Graham
Greenes weltberühmten Roman „Das Herz aller Dinge" anregen lassen.
Von Rom aus schreibt er am 10. Oktober 1948 an Rhoda de Terra: „Ich
habe *The Heart of the Matter* von Graham Greene gelesen. Eine Studie der
Verzweiflung. Warum niemals eine Studie der Hoffnung? Auf jeden Fall
sehr intelligent. Wir werden den Fall diskutieren. Nebenbei, der Graham-
Greene-Titel würde wundervoll (wenn auch mit einem anderen Sinn) zu
einem Essay passen, den ich seit einiger Zeit unter einem Namen zu schreiben träume, der sich meinem Geist nur auf englisch zeigt (unübersetzbar
ins Französische): ‚The Golden Glow' (womit das Erscheinen Gottes aus
dem und in dem ‚Herzen der Materie' gemeint ist). Ich werde Ihnen das erklären."[92] Es wird tatsächlich eine autobiographische Skizze über das Erscheinen Gottes in seinem Leben, die er am 30. Oktober 1950 in Paris
abschließt. Er fügt diesem neuen Text, der unter dem Motto steht: „Im
Herzen der Materie / Ein Herz der Welt / Das Herz eines Gottes" noch
zwei ältere Texte an, die ihm für seine geistliche Biographie zentral erscheinen: „Christus in der Materie" aus dem Krieg, Oktober 1916 und „Die
geistige Macht der Materie" von 1919 (siehe S. 103, Anm. 3).
[3] *Das Kosmische* ist für Teilhard das Ganze und Eine, dem der Mensch angehört und für das er den „kosmischen Sinn" entwickeln muß: Sinn für
das in Entwicklung begriffene Universum. *Das Humanum* ist das in der
Entwicklung (Evolution) des Kosmischen zentrale Element zwischen dem
Unter-Menschlichen und dem Über-Menschlichen. Im Menschlichen fällt
die Entscheidung über den weiteren Verlauf der Evolution. *Das Christische*
ist die Gegenwart Christi und seiner alles vollendenden Liebe im Kosmischen und im Humanum.

An Jeanne Mortier

Jeanne-Marie Mortier wurde am 31. Januar 1892 in Saint-Étienne südwestlich von Lyon als Tochter eines Ingenieurs geboren. Ihre Erziehung bei den Sacré-Cœur-Schwestern von Lyon, die Einführung in die Naturwissenschaften durch ihren Vater und ein zehnjähriges Studium der traditionellen Theologie von 1928 bis 1938 am Institut Catholique von Paris schufen die einmaligen Voraussetzungen dafür, daß ihre Begegnung mit Teilhard 1939 von beiden als providentiell empfunden wurde.

Jeanne Mortier, die seit 1925 mit dem französischen Dichter und Nobelpreisträger von 1915, Romain Rolland, korrespondierte und Paul Claudel persönlich kannte, widmete sich ab 1943 ganz der Verbreitung der Botschaft Teilhards. Sie wurde von Teilhard am 2. Juli 1951 testamentarisch zur Nachlaßverwalterin seiner philosophisch-theologischen Manuskripte eingesetzt (siehe S. 152 f.). Sie organisierte nach seinem Tode jährlich Teilhard-Kongresse und die Herausgabe seiner Schriften in dreizehn Bänden. Sie schrieb selbst zwei Bücher über Teilhard, gründete 1961 die Vereinigung der Freunde Teilhards und 1964 eine gemeinnützige Teilhard-Stiftung mit Sitz in der neuen Bibliothek des Musée national d'histoire naturelle in Paris. Jeanne Mortier starb am 8. Oktober 1982.

Teilhard schrieb ihr 1946: „Sie sind eine Fee (oder ein Engel) der Aktivität". Davon zeugen Briefe Teilhards an sie, von denen Jeanne Mortier noch kurz vor ihrem Tod über hundert zur Veröffentlichung vorgesehen hatte und die, bis zum 14. August 1951 noch von ihr selbst kommentiert, 1984 erschienen sind, herausgegeben von S. Clair-Michot[93].

In der Einleitung zu diesen Briefen berichtet Jeanne Mortier, wie sie mit Teilhard in Kontakt gekommen ist: Im September 1938 schickte ihr ein befreundeter Seminarist eines der Exemplare von „Der göttliche Bereich" (siehe S. 101, Anm. 3), die durch die Comtesse Bégouën in Umlauf gebracht worden waren. „Die Lektüre dieses blendenden Werkes war für mich ein geistiger Schock. Es führte mich aus dem Tunnel, wo mich nach zehn Jahren thomistischer Studien die Überzeugung gefangenhielt, daß die mittelalterliche Philosophie und Theologie mangels Anpassung (aggiornamento) an die Wissenschaften eine Sprache redeten, die in unserer Zeit keine Gültigkeit mehr hatte. Sie hielten die Kirche in der Vergangenheit fest, während die Menschheit, von der Wissenschaft angezogen, mit zunehmender Schnelligkeit in Richtung Zukunft segelte."

Im Januar 1939 erfuhr Jeanne Mortier, daß Teilhard im Naturhistorischen Museum einen Vortrag über „Die jüngsten Ausgrabungen in Birma" hielt. „Demnach war der mystische Autor des *Göttlichen Bereichs* ein der Wissenschaft geweihter Mann! Meine Neugier wurde dadurch noch mehr angestachelt, da mein Vater während seiner Karriere als Ingenieur und Erfinder mein Interesse für jede Art von Forschung geweckt hatte."

Je mehr Jeanne Mortier von Teilhard beeindruckt war, um so weniger wagte sie es, ihn nach dem Vortrag anzusprechen. Schließlich schrieb sie ihm. Er antwortete umgehend und lud sie im März 1939 zu einem Besuch in die Rue Monsieur (siehe S. 131, Anm. 1) ein. Auf ihre Frage, wann und wo sie von ihm die weitere Entfaltung der im „Göttlichen Bereich" behandelten Themen lesen oder hören könnte, erfuhr sie von seinem Veröffentlichungs- und Redeverbot für philosophisch-theologische Themen. Es blieb nur das persönliche Gespräch, und Teilhard lud Jeanne Mortier zum Wiederkommen ein. So ging sie, solange er in Paris war, jeden Mittwoch zu ihm.

„Nach einigen Besuchen war ich mir über die geistige
Einsamkeit Pater Teilhards im klaren. Außer der kleinen
Gruppe, die vom Comte und der Comtesse Bégouën und ihren Freunden sowie von dem Oberen des Hauses der ‚Études‘, dem Pater d'Ouince (siehe S. 132, Anm. 5), gebildet
wurde, ahnte niemand in ihm das Genie und die Heiligkeit.
Man anerkannte in ihm einzig den Wissenschaftler von
hervorragender Qualität. Bald darauf bot ich dem Pater die
Hilfe an, die ihm offensichtlich fehlte: seine Schriften in
Empfang zu nehmen, sie zu ordnen und abzutippen. Ich
wollte sie gleichzeitig retten und ihm, der seines Apostolats
beraubt war, die Freude machen, sie an jene weitergeben zu
können, die er kraft ‚priesterlichen Rechts‘ [93a] zum Glauben
zu führen die Aufgabe hatte. Ich war allein und frei. Ich
machte mich freiweillig zu seiner Sekretärin.“

21 Die beste Wegzehrung

Teilhard schreibt den folgenden Brief vom 21. Juni 1939[94]
*kurz vor seinem Aufbruch über die USA nach China, wo er
durch den ausbrechenden Weltkrieg bis zum Frühjahr 1946
festgehalten wird. Der Brief greift Themen auf, über die sich
Teilhard in den Mittwochsgesprächen mit Jeanne Mortier
ausführlich unterhalten haben wird: die neue Sicht des Priestertums, der Keuschheit, der Menschwerdung Christi, der
Ur- und Erbsünde sowie des fortschreitenden Verständnisses
der Dogmen, der kirchlichen Lehrformeln. Man merkt, daß
Teilhard anders als bei den bisherigen Briefpartnerinnen in
Jeanne Mortier die Theologin sieht, mit der er über die inner-
kirchlichen und innertheologischen Kontroversen diskutieren kann und auf deren Urteil er deshalb besonderen Wert
legt. Noch wichtiger ist ihm freilich die lang ersehnte Bestäti-*

gung seiner Ansichten, sieht er sich doch selbst von seinen theologischen Freunden immer mehr isoliert und unverstanden.

Paris, 21. Juni 1939

Liebes Fräulein und Freundin,
ich danke Ihnen sehr herzlich für Ihren langen letzten Brief, der für mich die beste Wegzehrung gewesen ist. Wenn Madame Bégouën[1] Ihnen meine *Messe über die Welt*[2] gegeben hat (ich glaube, sie hat es), dann sehen Sie, daß ich die alles umfassende Aufgabe des Priestertums genauso wie Sie verstehe. Aber ich habe es nötig zu hören, daß das keine Einbildung ist und daß ebensowenig meine vagen Lichtblicke und Ahnungen im Sinne eines höheren Verständnisses der Keuschheit[3] Einbildungen sind. Es ist so schwierig und so selten, in dieser Richtung verstanden zu werden. Dennoch ist das Problem so fundamental und so unvermeidlich, wenn man eine organische Beziehung (angenommen und sublimiert durch die Inkarnation) zwischen Materie und Geist ins Auge faßt. Möge Christus seiner Kirche helfen, den wirklichen und vollen Sinn dessen zu entdecken, was wir „Ursünde"[4] nennen! Mir scheint, daß all unser Fortschritt in der Theologie, Askese und Mystik abhängt vom Fortschritt in unserem Verständnis des Dogmas[5].

Und Dank für Ihr Wort, ich solle aufbrechen in der Freude und im Frieden. Dieses Wort hatte ich nötig; und ich denke, daß Gott es mir gesagt hat durch Sie. Ich hoffe, bald zurückzukehren, bereiter und weniger unwürdig, wenn wirklich etwas von mir erwartet wird.

Ganz Ihr in Ihm[6] *Teilhard*

¹ Die Comtesse Simone *Bégouën* und ihr Mann Max, eine Kriegsbekannt-
schaft Teilhards, haben in den dreißiger Jahren Teilhards Schriften in Paris
vervielfältigt und an Freunde weitergegeben.
² Zur *Messe über die Welt* siehe S. 71, Anm. 5.
³ Teilhard wird mit Jeanne Mortier über seine Schrift „Die Evolution der
Keuschheit" aus dem Jahre 1934 gesprochen haben (siehe S. 23–29).
⁴ Das Dogma von der Erbsünde (siehe S. 78f.) war für Teilhard deshalb
zentral, weil die Lehre von der Verderbtheit der Welt die Christen eher danach trachten ließ, die Welt links liegen zu lassen und sich nach dem Jenseits zu sehen, statt sich für die weitere Entwicklung der Welt auf Christus
hin zu engagieren.
⁵ Für Teilhard war es selbstverständlich, daß sich in einer sich entwickelnden Menschheit auch der Christusglauben weiter entfalten würde (siehe
S. 71, Anm. 3). Das war nach dem Zweiten Weltkrieg dann auch die Überzeugung der sogenannte „Neuen Theologen", deren Vorläufer Teilhard
war. Vgl. a. a. O. (Anm. 1), Bd. 2, S. 241–260: Die „Neue Theologie".
⁶ In *Ihm:* in Gott bzw. Christus.

22 Die göttliche Anziehung

Der Brief vom 24. August 1948[95] *ist ein schönes Zeugnis für
die vertrauensvolle Zusammenarbeit und den offenen Gedankenaustausch zwischen Teilhard und Jeanne Mortier.
Zur Situation Teilhards im Jahre 1948 siehe S. 128. Immer
noch und wieder beschäftigt Teilhard die Frage nach der Art
und Weise des Zusammenwirkens der Geschlechter im Hinblick auf die großen Aufgaben der Zukunft. Behutsam versucht er gegenüber Jeanne Mortier, die genau wie er selbst
noch ganz im alten Geist aufgewachsen ist und ihr Leben
der Jungfräulichkeit, das nach traditioneller kirchlicher
Lehre das unüberbietbare Lebensideal darstellt, geweiht hat,
seine neue Perspektive nahezubringen. Immer geht es ihm
dabei jedoch um den großen Zusammenhang: um eine Neu-
interpretation des Verhältnisses von Geist und Materie,
Seele und Leib, Gott und Mensch in einer evolutiven Welt.*

Les Moulins[1], 24. August 1948

Meine liebe Freundin,

Danke für Ihren guten Brief vom 20., der erst gestern hier in diesem abgelegenen Winkel eingetroffen ist. Wahrscheinlich spenden Sie mir zuviel des Lobs für *Wie ich es sehe*[2], aber selbstverständlich bin ich glücklich, daß Ihr Eindruck gut gewesen ist. Wie ich Ihnen schon gesagt habe, die Frage, so etwas zu drucken, stellt sich nicht: Das ist ein Papier nur für die Professionellen[3]. Nichtsdestoweniger sind Ihre Beobachtungen richtig, wenigstens die meisten. [Jetzt folgen 18 Zeilen, in denen Teilhard Verbesserungsvorschläge Jeanne Mortiers diskutiert.]

Was Ihre letzte Frage betrifft – schon angesprochen in Ihrer Notiz von Anfang August über die „Verchristlichung" des Geschlechts, Sie wissen, das ist ein Punkt, der mich immer sehr beschäftigt hat und von dem ich, in der Ausgeglichenheit und Unparteilichkeit am Ende eines Lebens, mehr und mehr glaube, daß man in der Theorie eine positive Antwort geben müßte – auf die Gefahr hin, in der praktischen Anwendung äußerst reserviert und abwartend zu bleiben. Wie es kürzlich Gilson[4] gesagt hat (*Nouvelle Revue des Deux Mondes*, 15. März 1948, S. 239) im Hinblick auf den Künstler: „Hier ist das große Mysterium. Um das Leben zu schaffen, muß der Mann die Frau bei sich haben. Um das vollkommenste Schöne zu schaffen, muß es vielleicht auch sein, daß der Mann bei einer Frau ist. Aber das Sein schließt hier das (fleischliche) Haben aus. Und deshalb wacht der große Künstler so eifersüchtig darüber, von einer Leidenschaft frei zu bleiben, die ihn unterdrückt statt ihn wachsen zu lassen. Je größer er ist, um so mehr kann er auf sie verzichten (ich glaube nicht – wenn sie mit ihm aufsteigt); aber je mehr das Werk, von dem er träumt, sich dem unzugänglichen Niveau der reinen Schöpfung nähert, um so weniger kann er zunächst darauf verzichten." – Was Gilson hier von dem Künstler sagt, ist sicherlich wahr für den „geistlichen Menschen". Es gibt da ein biologisches Strukturgesetz, das keine Vergebung kennt. Aber wie wir bereits gemeinsam gesagt haben, alles ist in diesem Bereich eine Kombination bestimmter psychologischer Kräfte: das einigende Wirken hat nur Erfolg, wenn die göttliche Anziehung auf das Paar stärker ist als jene, mit der die beiden Elemente des Paares einander anziehen. Alles eine Frage der Sublimierung. – Ich weiß sehr wohl, daß es in der erlaubten Praxis als einfacher und sicherer angesehen wird, die Elemente des Paares zu trennen, um sie „sicherer" zu Gott aufsteigen zu lassen. Aber das, ich wiederhole es, verstößt gegen ein fundamentales Gesetz der Natur und stellt deshalb höchstens eine Vorbedingung dar. Wenigstens sollte man sich nicht an die alte „östliche" Bedeutung von „Geist" klammern, die die Vergeistigung in der Zurückweisung der Materie sieht, die als beschwerender „Ballast" betrachtet wird[5] – statt in ihr das Prinzip einer zu Gott aufsteigenden Kraft zu sehen. Hier findet die fundamentale Wahl statt[6].

Ich schreibe Ihnen bei schönem Wetter (endlich); vor meinem Fenster bildet die Kette von Mont-Dore[7] und der Puys[8] die Linie des Horizonts. Sehr große äußere Ruhe – eine unterschwellige Melancholie (die Erinnerung und auch die Gegenwart meines Neffen[9] sind überall), gemäßigt oder erhellt durch die Würde meines Bruders[10] und das offenbare Glück des jungen Ehepaares[11]. Trotzdem gelingt es mir nicht, mich aus meinem Zustand physischer Angst[12] zu befreien – sehr hinderlich, da es mich sogar hindert (offensichtlich), Gott zu finden. Sie beten für uns beide. Und ist das beste Gebet nicht, sich hinzugeben? Ich frage mich manchmal, ob es in der letzten Phase meines Lebens – nach der Erforschung des fossilen Menschen[13], nach den Spekulationen über die Noosphäre[14] – nicht die einfache Praxis der totalen Liebe des universellen Christus[15] ist, die von mir in der „Vernichtung" [16] gefordert werden wird. Lachen Sie nicht ...

Ich bereite sorgfältig, für alle Fälle, meine *Titel und Arbeiten* [17] für die Kanditatur am Collège de France [18] vor: 6 oder 7 Seiten Text und ein Dutzend Seiten Bibliographie. Ich werde Sie wahrscheinlich im September um eine kühne Unternehmung bitten ...
Gute Exerzitien, und ganz treu in Ihm [19]

Teilhard de Chardin

[1] *Les Moulins,* siehe S. 134, Anmerkung 1.

[2] *Wie ich es sehe*[96] hat Teilhard am 12. August 1948 in Paris abgeschlossen und am 26. August 1948, zwei Tage nach diesem Brief, mit einem dreiseitigen „Appendix" versehen, in dem er klärende Notizen zum Haupttext hinzufügt, die teils auf Anregungen von Jeanne Mortier zurückgehen. Der 38seitige Haupttext ist „die authentische und vollständige Zusammenfassung meiner gegenwärtigen intellektuellen Position angesichts der Welt und Gottes – die Essenz meines Glaubens". Der Artikel ist wie folgt gegliedert: Erster Teil: Physik (Phänomenologie), I. Das menschliche Phänomen: 1. Das Universum, das sich einrollt oder Der kosmische Primat des Lebens, 2. Die elementare Menschwerdung oder Der Schritt der Reflexion, 3. Die kollektive Menschwerdung oder Der Weg zur Über-Reflexion, 4. Die Richtungen der Zukunft oder Der Punkt Omega; II. Das christliche Phänomen. Zweiter Teil: Metaphysik. Dritter Teil: Mystik. Schlußfolgerung, Appendix. Das Inhaltsverzeichnis läßt ahnen, mit welcher Intensität sowie Breite des Wissens und Begreifens Jeanne Mortier den Text frühestens ab 12. August durchgearbeitet hat, um Teilhard schon am 20. August detaillierte Verbesserungsvorschläge machen zu können.

[3] Gemeint sind die Berufstheologen und -zensoren: Teilhard steht mitten in der Auseinandersetzung mit den kirchlichen Instanzen und vor seiner Romreise.

[4] Étienne *Gilson* (1884–1978) war einer der führenden französischen Neuscholastiker und lehrte Philosophiegeschichte in Toronto. 1946 wurde er in die Académie Française gewählt.

[5] Am 10. Februar 1947 hatte Teilhard ein Manuskript abgeschlossen mit dem Titel: „Der geistige Beitrag des Fernen Ostens. Einige persönliche Reflexionen"[97].

[6] Die ganze Erörterung erinnert an Teilhards Artikel „Das Ewig-Weibliche" und vor allem an die „Evolution der Keuschheit", siehe S. 13–29.

[7] Thermal- und Wintersportplatz in der Auvergne im Quellgebiet der Dordogne, von hohen Bergen umgeben, den Monts Dore, von denen der Puy de Sancy (1885 m) der höchste ist.

[8] *Puys* heißen die Bergkuppen, meist vulkanischen Ursprungs, im französischen Zentralmassiv.

[9] Er war vor einem Jahr in einem nahen Teich ertrunken.

[10] Joseph Teilhard de Chardin († 1978), Hausherr von Les Moulins.

[11] Eine Nichte hatte sich verheiratet.

[12] In einem Brief vom 28. August 1948 an seinen Freund Pater Leroy erläutert Teilhard seinen Zustand: „Physisch, und ich möchte fast sagen ‚in den Eingeweiden ängstlich‘: Wiederholung (und stärker), möchte ich Ihnen sagen, meines Zustandes von 39."[98] Am 9. Februar 1940 hatte Teilhard aus Peking an Ida Treat geschrieben: „Ich kann mir nicht verhehlen, daß der physische Schwung im Grunde nicht mehr ganz derselbe ist. Seit meiner Rückkehr habe ich zu oft nervöse Depressionen."[99]

[13] Teilhards naturwissenschaftliche Arbeit als Geologe und Paläontologe: auf Grund der Versteinerungen von Pflanzen- und Tierresten die Entstehungsgeschichte des Menschen erforschen.

[14] *Noosphäre:* Die „Schicht des Geistes", die Menschenwelt, die sich oberhalb der Lebenssphäre (Biosphäre) über die ganze Erde erstreckt und auf weitere Vereinigung in Freiheit und Liebe drängt.

[15] Der *universelle Christus:* Christus als Ursprung, innerste Energiequelle und Zielpunkt (Omega) des Universums, des raum-zeitlichen System des Alls, dessen Innenseite organisch-psychischer Natur ist und in Entwicklung begriffen.

[16] Ein Begriff aus der Mystik: der Mensch, der sich seiner Nichtigkeit vor Gott bewußt wird und sich gewollt (aktiv) ganz der Liebe Gottes überläßt und ihm allen Eigenwillen und alle Eigenaktivität überantwortet (passives Moment).

[17] Die *Titel und Arbeiten*[100] sind datiert vom September 1948 und enthalten zunächst eine Übersicht der Titel, Funktionen und Auszeichnungen Teilhards seit 1922 (z. B. Docteur ès Sciences usw.) Dann folgt als Teil I eine Beschreibung seiner „wissenschaftlichen Karriere" in drei Phasen: vorbereitende Erdforschungen bis 1912, dann paläontologische Forschungen in Europa (1912–1923), schließlich in Ostasien (1923–1945). Teil II enthält eine „Liste der markantesten Arbeiten oder Resultate", gegliedert in „Allgemeine Geologie", „Paläontologie der Säugetiere" und „Menschliche Paläontologie". Teil III enthält eine „Bibliographie" mit 125 ausgewählten wissenschaftlichen Aufsätzen von 1913 bis 1948.

[18] Das *Collège de France* wurde 1530 auf Anregung des Humanisten G. Budé von Franz I. als progressive Lehr- und Forschungsstätte in Konkurrenz zur traditionalistischen Pariser Universität (Sorbonne) gegründet. Es untersteht unmittelbar dem Erziehungsminister und beruft seine 52 Mitglieder ungeachtet akademischer Titel allein auf Grund herausragender wissenschaftlicher Qualifikation auf natur- oder geisteswissenschaftlichem Gebiet. Die Mitglieder sind nur verpflichtet, etwa 20 Vorlesungen ihrer Wahl im Jahr zu halten, worüber sie im jährlich erscheinenden „Annuaire du Collège de France" Bericht erstatten. Zu den Vorlesungen hat je-

dermann Zutritt, Examina werden keine abgenommen. Zu den hochange-
sehenen Mitgliedern gehörten z. B. Henri Bergson, Teilhards philosophischer Anreger, der Schriftsteller Paul Valéry, der Soziologe Raimond Aron
und der Ethnologe Claude Lévi-Strauss (nach Haensch-Fischer, Kleines
Frankreich-Lexikon, München 1984). – Jetzt wird Teilhards Freund und
Mitarbeiter, der Paläontologe und Spezialist für die frühmenschlichen
Höhlenmalereien, Abbé Breuil (siehe S. 115, Anm. 115), als Professor am
Collège de France emeritiert. Teilhard wird offiziös aufgefordert zu kandi-
dieren – man würde ihn einstimmig als Nachfolger Abbé Breuils wählen.
Teilhard muß jedoch die Erlaubnis der kirchlichen Oberen in Rom einho-
len, was ihm trotz seiner persönlichen Romreise im Oktober 1948 nicht
gelingt. Bereits 1939 hatte Jeanne Mortier mit Hilfe einflußreicher
Freunde versucht, Teilhard einen Lehrstuhl am Collège de France zu ver-
mitteln [101].
[19] Gott oder Christus.

23 Das Dogma wächst

Der Brief vom 25. August 1950[102] *ist die unmittelbare Reaktion auf einschneidende kirchenpolitische Ereignisse, die
auch Teilhard direkt betrafen: die Enzyklika „Humani generis".Pius' XII. vom 12. August 1950 sowie die zu erratende Ver-
kündigung des Dogmas von der leiblichen Aufnahme
Mariens in den Himmel. In dem Gedankenaustausch mit
Jeanne Mortier fällt auf, wie Teilhard das „sentire cum eccle-
sia", das Fühlen mit der Kirche, wie es die Ordensregel den
Jesuiten ans Herz legt, auslegt: als „Voraus-Fühlen" und „Bes-
ser-Fühlen" im Hinblick auf die moderne Welt, den Adressa-
ten der nach Teilhards Meinung richtigen, aber unbeholfen
formulierten kirchlichen Botschaft. Auch ist er nicht blind
für die zufälligen Machtkonstellationen in Rom, die für die
disziplinären Maßnahmen, die mit der Enzyklika verbunden sind, verantwortlich sind, ohne als solche verantwortlich zu zeichnen. Dieses Hintergrundwissen, das der
einfache Gläubige nicht hat, erleichtert einem Mann wie
Teilhard seine souveräne Einstellung. Sogar in dieser für*

*Teilhard schwarzen Stunde der neuzeitlichen Kirchenge-
schichte bleibt er im Grunde „Optimist": Er sieht selbst im
linkischen und inopportunen Voranschreiten des römischen Lehramtes den unbeabsichtigten, aber nichtsdestoweniger tatsächlichen Beweis für das Gesetz der Weiterentwicklung auch des christlichen Glaubens und somit eine
Anerkennung seiner ureigenen Überzeugung.*

Les Moulins, 25. August 1950

Liebe Freundin,

Dank für Ihren Brief vom 24. (*und* für die Zeitungsausschnitte *und* für das In-Gang-Bringen der Vervielfältigung:
Der Preis spielt keine Rolle, ich habe, was wir brauchen;
aber daß man dieses Mal gut die *e* und *o* überwacht)[1].

Gegenüber der Enzyklika[2] und der Aufnahme[3] denke
ich im wesentlichen selbstverständlich wie Sie; aber es ist
schon ein wenig „skandalös" für die Seelen, die unterrichtet
sind und guten Willens. Seit einer Woche verbringe ich
meine Zeit damit, (mündlich oder brieflich) wirklichen
SOS-Rufen zu antworten. – Ich glaube schon gut zu sehen,
was Rom im Auge hat: das Marianische[4] parallel zum Chri-
stischen[5] voranzubringen und eine gewisse Verflüchtigung
des Dogmas in abstrakte Symbole[6] zu verhindern. Aber
„Realismus" ist nicht notwendigerweise „Buchstäblich-
keit"; und das ist nicht in Irenismus[7] oder Versöhnung zu
machen, wenn man die dogmatischen Vorstellungen einem
Universum anpaßt (vergrößert und verstärkt), das eine Dimension mehr erreicht hat (die ‚genetische') (eine Kosmoge-
nese[8] anstelle eines Kosmos).

Von diesem Gesichtspunkt aus fürchte ich sehr, daß die
Behauptung eines „Individuums Adam"[9] (trotz des symbolischen Charakters, den die Genesis[10] in diesem Punkt aner-
kennt) und einer buchstäblichen Unverweslichkeit des

145

Leibes[11] der Maria (eingeschlossen das Entweichen einer Gruppe von Proteinen, die sich außerhalb von Raum und Zeit befinden, aus dem kosmischen Zyklus) der großen Mehrheit der Christen oder nachdenklichen Nichtchristen als eine Herausforderung an das erscheint, was es an Wesentlichstem und Sicherstem in der modernen Wissenschaft gibt.

Ein Grund mehr, denke ich, meine Anstrengung fortzusetzen und zu versuchen, das unter einer für unsere Generation akzeptablen Form auszudrücken, was Rom aufrechterhalten und bekräftigen will. – Ich fühle mich keineswegs entmutigt (höchstens ein wenig verärgert). Aber liebend gern würde ich in diesen Tagen mit d'Ouince[12] oder Valensin[13] oder einem anderen Freund sprechen können. In dieser Hinsicht fühle ich mich hier zu isoliert. – Schließlich erwarte ich mir auch demnächst keine neue Unannehmlichkeit. Ich denke, daß (wie im Fall der von Fourvière[14] entfernten Professoren[15]) der Pater General[16] der Meinung ist, genug getan zu haben, indem er mein Buch[17] gestoppt hat. Denn jetzt kann man sich den Grund für die Verweigerung des Imprimaturs[18] sehr gut erklären. Erinnern Sie sich an den Artikel von Kardinal Ruffini[19] im *Osservatore Romano*[20] über die auf den Menschen ausgedehnte Evolution: genau die Position der Enzyklika. Ruffini und Garrigou-L.[21]: das sind die beiden großen Schuldigen.

Aufs Ganze gesehen, ist man frappiert über den deutlich integristischen[22] Charakter der Enzyklika (es braucht nur Integristen, um ein schwarzes Schaf zu schaffen oder ein Schreckgespenst von Irenismus!). Doch was mich beruhigt: der Integrismus, wie der Stalinismus, tendiert dahin, den Menschen zur Ruhe zu zwingen: er kann nur steril sein und mit einer Explosion enden. – Eine andere Sache (auf die mich vor einem Jahr Pater Bonsirven[23], Professor an der Gregoriana[24], aufmerksam gemacht hatte): Die Aufnahme definieren heißt, (durch die Fakten) bekräftigen, daß die „Offenbarung weitergeht", das heißt, das Dogma wächst *(es lebt)*:[25] es gibt keinen großartigeren Beweis dafür, daß sich das Christentum (wie das Leben und das Humane) entwikkelt (im richtigen Sinne des Wortes, „genetisch").

Andererseits ist hier alles ruhig und friedlich. Sogar ein wenig Regen. Ich denke, daß ich morgen abend meine Exerzitien[26] beginne.

Dank noch einmal, für alles, und ganz treu
Teilhard

---

[1] Es handelt sich offensichtlich um unscharfe Matrizen für die Vervielfältigung Teilhardscher Manuskripte zur Weitergabe an Freunde.

[2] Die *Enzyklika* Pius' XII. vom 12. August 1950 „Humani generis" über „einige falsche Ansichten, die die Grundlagen der katholischen Lehre zu untergraben drohen", wendet sich vor allem gegen die Auffassungen der „Neuen Theologie", die überwiegend in Frankreich vertreten worden ist und zu deren Vätern Teilhard gehört. So heißt es in der Enzyklika: „Über diese Freiheit der Erörterung [der Entwicklungslehre] gehen manche in kühner Vermessenheit hinweg und benehmen sich so, als ob der Ursprung des menschlichen Leibes aus schon vorhandener belebter Materie durch die bisher festgestellten Indizien und die aus diesen Indizien abgeleiteten Schlußfolgerungen schon einfachhin sicher und bewiesen sei und als ob von seiten der Quellen der göttlichen Offenbarung nichts vorliege, was die größte Mäßigung und Vorsicht in dieser Frage verlange." Besonders der von Teilhard für wahrscheinlicher gehaltene mehrfache Ursprung des Menschen (Polygenismus) anstelle des Monogenismus, der Ursprungseinheit aller Menschen, wird von der Enzyklika ausdrücklich verworfen: „Wenn man aber von einer anderen Hypothese spricht, dem sog. Polygenismus, so steht den Kindern der Kirche keineswegs die gleiche Freiheit zu. Denn die Gläubigen können nicht die Ansicht halten, deren Vertreter behaupten, es habe nach Adam auf unserer Erde wirkliche Menschen gegeben, die nicht aus ihm, dem Stammvater aller, auf dem Wege natürlicher Zeugung ihren Ursprung hätten, oder ‚Adam' bedeute eine Mehrheit von Stammvätern. Denn es ist durchaus nicht ersichtlich, wie sich eine derartige Ansicht vereinbaren läßt mit dem, was die Quellen der geoffenbarten Wahrheit und die Äußerungen des Lehramts über die Erbsünde lehren, die ihren Ursprung hat in der in Wirklichkeit von dem einen Adam begangenen Sünde und die, durch Zeugung auf alle übertragen, in jedem als ihm eigene Sünde vorhanden ist."[103] Man sieht hier deutlich den Zusammenhang zwischen Monogenismus und der Ur- bzw. Erbsündenlehre und Teil-

hards lebenslangem Bemühen, gerade diese Lehre neu zu interpretieren (siehe S. 78 f.).

[3] Das Dogma von der leiblichen *Aufnahme* Mariens in den Himmel wurde, nachdem Pius XII. bereits am 1. Mai 1946 an alle Bischöfe eine entsprechende Anfrage gerichtet hatte und fast alle Bischöfe zustimmend geantwortet hatten, am 1. November 1950 durch die Apostolische Konstitution „Munificentissimus Deus" als von Gott geoffenbarte Wahrheit verkündet: „Die unbefleckte, immerwährende jungfräuliche Gottesmutter Maria ist nach Vollendung ihres irdischen Lebenslaufes mit Leib und Seele zur himmlischen Herrlichkeit aufgenommen worden."[104]

[4] Teilhard hat Maria, die Mutter Jesu, als den reinsten Ausdruck des Ewig-Weiblichen verstanden, das eine *Marianische* Struktur hat, wie „das Ewig-Weibliche" in Teilhards gleichnamiger Hymne (siehe S. 13–21) sagt: „Bald wird nur Gott in einer völlig jungfräulich gewordenen Welt für euch übrigbleiben. In mir wartet Gott auf euch. Gott habe ich längst vor euch an mich gezogen ... Lang ehe der Mensch die Reichweite meiner Macht ermessen und die Richtung meiner Anziehungskraft vergöttlicht hat, hatte der Herr mich bereits ganz in seiner Weisheit empfangen, und ich hatte sein Herz erobert. Glaubt ihr, daß er ohne meine Reinheit, die ihn bezaubern sollte, jemals Fleisch geworden und inmitten seiner Schöpfung herabgestiegen wäre? Allein die Liebe ist fähig, das Sein zu bewegen. Um also aus sich herausgehen zu können, mußte Gott im voraus vor sich her einen Weg der Sehnsucht bahnen und einen Wohlgeruch der Schönheit ausbreiten. Damals hat er mich als leuchtende Rauchsäule über dem Abgrund – zwischen der Erde und Sich – aufgehen lassen, um in mir unter euch zu wohnen. Versteht ihr jetzt das Geheimnis eurer Regung, wenn ich euch nahe? ... Das zarte Mitgefühl, der Reiz der Heiligkeit, die von der Frau ausgehen – und das auf so natürliche Weise, daß ihr sie nur in ihrer Nähe sucht, und doch wieder so geheimnisvoll, daß ihr nicht sagen könnt, wo ihre Quelle liegt –, es ist die Gegenwart Gottes, die sich verspüren läßt und die euer Herz ganz entflammt. Zwischen Gott und die Erde gesetzt als ein Bereich der gemeinsamen Anziehung, lasse ich den Einen auf den anderen zukommen, voller Leidenschaft, bis sich in mir die Begegnung ereignet, in der sich das Wachstum und die Fülle Christi durch die Jahrhunderte hindurch vollenden. Ich bin die Kirche, die Braut Jesu. Ich bin die Jungfrau Maria, die Mutter aller Menschen."[105]

[5] Wie das Marianische versteht Teilhard auch das Christusgeheimnis kosmisch, eben *christisch* (siehe S. 134, Anmerkung 3).

[6] Von einer *Verflüchtigung* des Dogmas spricht auch die Enzyklika „Humani generis" im Hinblick auf das Geheimnis der Eucharistie: „Es fehlt auch nicht an solchen, die behaupten, die Lehre von der Transsubstantiation, die ja auf einem veralteten Substanzbegriffe beruhe, sei so umzugestalten, daß die wirkliche Gegenwart Christi in der heiligen Eucharistie in einem gewissen symbolischen Sinn verstanden werde, insofern die konsekrierten Spezies [Hostien] nur wirksame Zeichen seien für die geistige Ge-

148

genwart Christi und für seine in seinem mystischen Leib sich vollziehende innigste Vereinigung mit den Gläubigen, dessen Gliedern."[106]

[7] *Irenismus:* hier: (falscher) interkonfessionelle Annäherung.

[8] Das „Werden des Kosmos" aus dem anorganischen Stoff über die Lebewesen bis hin zum Menschen, der weiter zum Über-Menschlichen (Punkt Omega) unterwegs ist.

[9] Siehe Anm. 2 zu diesem Brief.

[10] Teilhard denkt hier vielleicht an das Schreiben des Sekretärs der päpstlichen Bibelkommission an Kardinal Suhard vom 16. Januar 1948, in dem es u. a. heißt: „Die literarischen Formen (der elf ersten Kapitel der Genesis) entsprechen keiner unserer klassischen Kategorien und dürfen darum nicht nach den griechisch-lateinischen oder den modernen literarischen Gattungen beurteilt werden ... Die erste Pflicht der wissenschaftlichen Exegese besteht zunächst in einer sorgfältigen Erforschung aller literarischen, wissenschaftlichen, geschichtlichen, kulturgeschichtlichen und religiösen Probleme, die mit diesen Kapiteln zusammenhängen; alsdann muß man die literarische Darstellungsweise der altorientalischen Völker, ihre Denkweise, ihre Ausdrucksweise und besonders auch ihre Auffassung von der geschichtlichen Wahrheit näher prüfen; man müßte, kurz gesagt, das ganze von den Wissenschaften der Paläontologie, der Geschichte, der Epigraphik und der Literaturgeschichte gebotene Material zusammenstellen. Nur so könnte man hoffen, eine klarere Einsicht zu gewinnen in den wahren Charakter gewisser Erzählungen der ersten Kapitel der Genesis. Wenn man von vornherein erklärt, daß ihre Erzählungen keine Geschichte im heutigen Sinne des Wortes enthalten, so bietet das leicht Anlaß zu der Auffassung, daß sie in keinem Sinne eine solche enthalten, während sie doch in einer einfachen und bildlichen Sprache, wie sie der Fassungskraft einer noch nicht voll entwickelten Menschheit entsprach, die von der Heilsordnung vorausgesetzten grundlegenden Wahrheiten berichtet zugleich mit einer volkstümlichen Darstellung der Anfangsgeschichte der Menschheit und des auserwählten Volkes."[107]

[11] Der entsprechende Passus in der Apostolischen Konstitution „Munificentissimus Deus" von Papst Pius XII. lautet: „(Maria) erhielt als herrliche Krone aller ihrer Ehrenvorzüge, daß sie von der Verwesung im Grab verschont blieb und wie ihr Sohn nach dem Sieg über den Tod mit Leib und Seele in die Herrlichkeit des Himmels aufgenommen wurde, um dort zur Rechten ihres Sohnes, des unsterblichen Königs der Ewigkeit (1 Tim 1, 17), als Königin zu erstrahlen."[108]

[12] Teilhards Freund und nächster Oberer in Paris (siehe S. 132, Anm. 5).

[13] Teilhards Studienfreund und Blondel-Schüler Auguste *Valensin* (siehe S. 89, Anm. 10) in Nizza.

[14] Die Jesuitenhochschule in Lyon.

[15] Fünf Jesuiten*professoren*, darunter Teilhards Freund Henri de Lubac (siehe S. 89, Anm. 11), wurden unter römischem Druck aus dem Lehrbetrieb gezogen.

¹⁶ Der Jesuiten*general* in Rom, der Belgier Joh. B. Janssens (siehe S. 132, Anm. 10).   ¹⁷ „Der Mensch im Kosmos" (siehe S. 131, Anm. 4).
¹⁸ Die Druckerlaubnis, lat.: „es möge gedruckt werden".
¹⁹ *Kardinal Ruffini*, der Erzbischof von Palermo, möglicher Papstkandidat (Papabile), hatte 1948 ein Buch gegen die Evolutionslehre geschrieben und am 1. Juni 1950 einen entsprechenden Artikel in der Vatikanzeitung.
²⁰ Die offiziöse Zeitung des Vatikans.
²¹ Der Dominikanertheologe Réginald *Garrigou-Lagrange,* der 1946 in der Zeitschrift „Angelicum" die „Neue Theologie", u. a. Teilhard, angegriffen hatte (siehe S. 127).
²² Ursprünglich eine Bewegung um 1910 gegen die angebliche Abschwächung katholischer Grundsätze. Teilhard hat sich mehrfach mit diesem reaktionären Geist auseinandergesetzt, so z. B. in einem Brief an Léontine Zanta (siehe S. 64) vom 7. Mai 1927. Teilhard unterscheidet zwischen *integristischer* (negativer) und integralistischer (positiver) Auseinandersetzung von Christen mit der Welt: „Schauen Sie, wir ersticken in unseren Verschachtelungen, unseren geschlossenen Kategorien. Ohne die beschränkteren lebendigen Gebilde aufzulösen, muß man sie miteinander verschmelzen, zur Synthese bringen: Der Mensch, nichts als der Mensch, nichts weniger als der Mensch soll den Rahmen unserer Bestrebungen und unserer Einrichtungen bilden. Wie kommt es, daß man das den Katholiken immer wieder sagen muß? Wahrhaftig, man hat zuweilen den Eindruck, daß unsere kleinen Kirchen uns die Erde verstellen. In diesem Augenblick kommt mir ein Gedanke wieder in den Sinn, den ich vor mehr als zehn Jahren gehabt habe. Man will die christliche Rechtgläubigkeit mit einem ‚*Integrismus‘* gleichsetzen, das heißt mit der Achtung vor den kleinsten Rädchen in einem kleinen Mikrokosmos, der vor Jahrhunderten erbaut wurde. In Wirklichkeit ist das wahre christliche Ideal der ‚Integralismus‘ im Sinne einer Ausweitung der christlichen Leitsätze auf die Gesamtheit der Hilfsquellen, die in der Welt enthalten sind. Integralismus oder Integrismus, das Dogma als Achse oder das Dogma als Rahmen: da haben wir den Kampf, der seit mehr als einem Jahrhundert in der Kirche im Gange ist. Der Integrismus ist einfach und bequem, für die Gläubigen und für die Obrigkeit. Aber er schließt zwangsweise vom Reiche Gottes die ungeheuren Möglichkeiten aus, die überall um uns, im Bereich des Sozialen, des Sittlichen, in der Philosophie und in der Naturwissenschaft usw. im Flusse sind (oder stellt sie in Abrede). Das ist der Grund, warum ich ihm einen entschiedenen Krieg angesagt habe … Ich weiß nicht recht, wie ich es anfassen werde, diesen Krieg zu führen, jetzt, wo meine Möglichkeiten, nach Außen zu wirken, immer mehr eingeschränkt sind. Aber der Herr wird mir helfen, wenn er mit mir ist. Manchmal denke ich, die beste Art, einer Haltung zum Siege zu verhelfen, liegt darin, sie so treu wie möglich zu leben. Tun wir es zusammen, nicht wahr?"¹⁰⁹
²³ Jesuiten-*Pater* Joseph *Bonsirvon* war Professor für die Auslegung der Heiligen Schrift.

[24] Die von Jesuiten geleitete päpstliche Universität in Rom.

[25] Am 5. Januar 1921 schrieb Teilhard an einen ungläubigen Freund (vgl. oben S. 71, Anm. 3): *„Das Dogma entwickelt sich* wie ein Mensch, der mit vierzig Jahren derselbe ist wie mit zehn Jahren, aber dessen Form mit vierzig Jahren nicht aus der von zehn Jahren deduziert werden kann … Ich glaube, daß die Kirche noch ein Kind ist." (zitiert nach Schiwy, Band 1, S. 333, a. a. O., Anm. 1).

[26] Die Jesuiten sind gehalten, jedes Jahr eine Woche lang die „Geistlichen Übungen" ihres Ordensgründers Ignatius von Loyola zu machen: Meditationen über das Leben Jesu in stiller Zurückgezogenheit.

24 Entscheidungen, die Sie mich haben treffen lassen

Der Brief vom 14. August 1951[110] stammt von einer Informationsreise Teilhards nach Südafrika, deren Finanzierung die amerikanische Wenner-Gren-Stiftung für anthropologische Forschungen übernommen hat. Teilhard ist im Juli über London, wo er unter anderem mit Julian Huxley, dem berühmten Biologen und Naturphilosophen, dem ersten Generaldirektor der UNESCO (1946–1948), zusammengetroffen ist, nach Southampton gefahren, um sich dort nach Südafrika einzuschiffen. Er schreibt noch von Southampton an seine Cousine Marguerite über die Begegnung mit Huxley: „Anregende und interessante Fühlungnahmen, vielleicht weniger um der aufgeworfenen Ideen willen … als vielmehr wegen einer sauberen Erkenntnis – forced upon my mind [die sich mir aufdrängte] – des Weges, den ich finden mußte, indem ich einer verschiedenen Richtung folgte und mit einer ganz andersgearteten Mannschaft ausgestattet war als Huxley.

Alles in allem schiffe ich mich ein mit einem klaren Blick auf mein doppeltes Ziel (die Australopitheciden und der Über-Mensch …) und mit einem guten Vorrat an Dingen, über die ich während der Überfahrt nachsinnen und an die ich denken kann. All das auf der Spur ‚des stets größeren Gottes‘: nur sein Zauber stürzt mich in dieses neue (und letzte? ...) Abenteuer.“[111]

Den Eindruck, es könnte für den infarktgefährdeten Teilhard die letzte Expedition sein, hatten vor seiner Abreise aus Paris auch seine dortigen Freunde gehabt. Deshalb kam es am 2. Juli 1951 zu einer für Teilhard und sein Werk schicksalsschweren Entscheidung, deren Last Jeanne Mortier zu tragen hatte und vorbildlich getragen hat. Sie selbst berichtet darüber in der Einleitung zu diesem Brief:

„Am 2. Juli 1951, als ich mich in die Rue Monsieur Nr. 15 begab, empfing mich auf der Schwelle Pater Jouve, der, ohne den Titel zu haben, dennoch die Funktion des Chefredakteurs der Zeitschrift ‚Études‘ erfüllte, und sprach mich an: ‚Mademoiselle‘, sagte er mir, ‚der Pater Teilhard reist nach Transvaal. Es ist nicht ausgeschlossen, daß er von dort nicht zurückkommt. Bitten Sie ihn, daß er Ihnen seine Schriften vererbt, denn es wird uns verboten sein, sie nach seinem Tod zu veröffentlichen.‘

Meine erste Reaktion war ein Zurückweichen. Die zweite das außerordentlich deutliche Bewußtsein der Folgen meiner Weigerung: Ich würde die Verantwortung tragen für die Vernichtung eines Denkens, das ich für außerordentlich wichtig hielt für die Kirche und für die Menschheit.

Da kam schon der Pater Teilhard. Ich konnte nicht anders, als ihm auf der Stelle die Worte des Paters Jouve mitzuteilen. Mit einem zugleich nach innen und außen gerichteten Blick, der ihm eigen war, sagte er ohne Zögern: ‚Geben Sie mir ein Blatt Papier.‘ Und in einem Wurf schrieb er das Testament, das mir sein Werk vererbte – ein Testament, so wenig vorbereitet, daß der Pater mir in dem Augenblick, da er es redigierte, sagte: ‚Setzen Sie einige Namen nach Ihrem für den Fall, daß Sie sterben sollten.‘ So schlug ich von den

Freunden die ergebensten vor: François Richaud, Jean Pive-
teau und André George. (Ich fürchte, wenn ich Mademoi-
selle Teillard-Chambon genannt hätte, daß die Veröffent-
lichung aufs Spiel gesetzt worden wäre, voraussehend, daß
sie ihren Freunden in der Gesellschaft Jesu nicht zu widerste-
hen gewußt hätte. Ich hätte ihr schließlich meine Gewißheit
nicht mitteilen können, daß zwischen dem Auf-den-Index-
gesetzt-Werden der Werke im Fall der Veröffentlichung und
der Verletzung des Naturrechts, die ihre Beerdigung darge-
stellt hätte, die letztere unendlich schwerer gewogen hätte.)
Pater Teilhard hatte mir die Augen geöffnet, indem er mir
als einfache Information mitgeteilt hatte: ,Rom verbietet
den Malthusianismus [Geburtenkontrolle auf Grund des
Malthusschen Bevölkerungsgesetzes: Die Bevölkerung
wächst tendenziell schneller als der Bodenertrag] im Bereich
des Lebens, aber praktiziert ihn im (deshalb höheren) Be-
reich des Denkens [durch Gedankenkontrolle].

Die Verteidigung des ersten Rechts des Geistes sollte in
der Folge die unbesiegbare Kraft sein, die mich alle Wider-
stände angehen und überwinden ließ.“[112]

Johannesburg, Langham Hotel, 14. August 1951
Liebe Freundin,
ich schäme mich, Sie so lange Zeit ohne Neuigkeiten gelas-
sen zu haben. Wie immer in ähnlichen Umständen, sind
die Tage unmerklich dahingeglitten, und meine ganze Kor-
respondenz ist verspätet. Aber das will nicht heißen, daß
ich Sie vergessen habe – Sie und alles, was Sie so Wertvolles
für mich und mit mir getan haben. – Im wesentlichen geht
alles, was mich betrifft, seit meiner Abreise aus Paris sehr
gut. Die Seereise war ein wenig monoton (außer einigen In-
seln sieht man überhaupt nichts), aber angenehm und er-
holsam. Ich habe während der Reise etwa fünfzehn Seiten

redigiert *(Die Konvergenz des Universums)*[1], im Ton zugleich theoretisch und praktisch, die, ins Englische übersetzt, als Manifest-Programm[2] für den Gebrauch der Wenner-Gren-Stiftung[3] bestimmt sind. – Das hat die Zeit nützlich verstreichen lassen. – In Kapstadt haben wir einen herrlich blauen Himmel vorgefunden (mit Schnee auf den Gipfeln) – der uns seitdem nicht verlassen hat. Und jetzt haben wir trotz der Höhe hier (fast zweitausend Meter) einen wahren Frühling. – Im Augenblick glaube ich mich völlig nach Nordchina zurückgekehrt. – Jo'burg erinnert an eine amerikanische Stadt und ist im Süden durch eine endlose Reihe weißer Halden, die wie gigantische Maulwurfshügel von den Goldminen ausgeworfen wurden, umgeben. Aber wenn man das hinter sich läßt, kommt in endlosen Wellen die Steppe oder der Busch mit immensen Horizonten. – Ich liebe dieses Land sehr.

Wissenschaftlich entwickelt sich alles vorteilhaft. Ich habe ein erstes Mal die Fundstellen mit den Australopitheciden[4] nahebei gesehen; und die letzte Woche war es einige 250 km nördlich von hier in einer anderen Reihe berühmter Fundstellen[5] – wo ich viel gelernt habe. Die Geologen und Prähistoriker von hier sind charmant; und ich fange an, in den hiesigen Problemen klar zu sehen – und in den Projekten, die der W.-Gr.-Stiftung unterbreitet werden müssen. – Zu guter Letzt, die Höhe ermüdet mich nicht; und was meine Nervosität betrifft, so fühle ich mich besser denn je seit drei Jahren. Ich möchte darin ein Zeichen sehen, daß der Herr mich behütet und noch etwas von mir erwartet ...

Am Rande (und bei der Wärme) der wissenschaftlichen „Erregung" (die noch auf mich wirkt, wenngleich weniger lebendig als früher) scheint es mir, daß meine wesentliche Schau der Welt Mittel findet, sich zu klären und noch zu intensivieren. Ich denke jetzt über einen Essay nach über *die dreifache Reflexion*[6] (Reflexion des Lebens über den individuellen Menschen – Reflexion der Menschheit über sich selbst – Reflexion Gottes über die reflektierte Menschheit), die, wie mir scheint, noch viel weiter gehen müßte als die vorhergehende[7].

Und dann habe ich, gefordert durch die Umstände, die Gewohnheit wiederaufgenommen, meine *Messe über die Welt*[8] zu wiederholen (und sie aufzufrischen und zu vertiefen). – Und ich finde Sie dort wieder[9].

Danke noch einmal und ganz besonders für Ihre solide und sichere Freundschaft – und für die Entscheidungen, die Sie mich haben treffen lassen vor meiner Abreise[10]. Ich hoffe, daß für Sie alles gutgeht!

Treu

Teilhard

[1] In *Die Konvergenz des Universums*"113, datiert Kapstadt, 23. Juli 1951, entwickelt Teilhard seine These, daß das Universum nicht nur in räumlicher Ausdehnung begriffen ist, sondern auch in psychogener Konzentration: von Stoff über das Leben zum Geist, vom Individuum über die Gesellschaft zu einem Super-Leben in einem (göttlichen) Brennpunkt vor uns. Dazu haben wir Stellung zu nehmen und uns entsprechend produktiv und konstruktiv zu verhalten.

[2] Seiner Cousine Marguerite Teillard-Chambon erläutert Teilhard den Zweck des Papiers genauer: „die Basis für die Vorlage meines Planes zu einer vom ‚Viking Fund‘ [die erste Bezeichnung der ‚Wenner-Gren-Stiftung‘] subventionierten ‚Commission‘"114. Es ging Teilhard in seinen letzten Jahren um die Koordination und Kooperation aller Erforscher des Phänomens Mensch mit dem Ziel der Ausarbeitung einer neuen wissenschaftlichen Anthropologie als Reflex und Stimulanz zugleich der von ihm vertretenen Konvergenz des Universums.

[3] Der „Viking Fund", von einem Amerikaner schwedischen Ursprungs, Wenner-Gren, eingerichtet, diente zunächst wissenschaftlichen, karitativen und pädagogischen Zwecken. Als er in *„Wenner-Gren-Foundation"* umbenannt wurde, wollte er vor allem die anthropologische Forschung vorantreiben. Im Dezember 1951 wird Teilhard „Research Associate for Palaeanthropology", festangesteller Forschungsbeirat für Paläanthropologie, mit Sitz in New York: der Beginn seines zweiten Exils bis zu seinem Tode (1955).

[4] Die Australopitheciden (lat.-griech. „Südaffen") gehören zu den Frühmenschenformen (Prähominine) mit aufrechtem Gang, menschenaffenar-

tigem Schädel und menschenähnlichem Körperbau. Ihre Knochen wurden seit 1924 in Afrika gefunden.

⁵ Im Tal von Makapan.

⁶ Ein Essay unter diesem Titel und mit diesem Inhalt ist nicht bekannt.

⁷ Es handelt sich um den Essay von 1948: „Drei Dinge, die ich sehe, oder: Eine Weltanschauung in drei Punkten."[115] [Anmerkung Jeanne Mortier]

⁸ Siehe S. 71, Anmerkung 5.

⁹ Nachdem Jeanne Mortier Teilhard 1939 näher kennengelernt hatte, bat sie ihn für das Pfingstfest um eine Messe in ihrer Intention: „Der Pater zelebrierte diese Messe um 8 Uhr auf dem Altar der Kapelle der ‚Études'. Ohne bisher die *Messe über die Welt* gelesen zu haben, war ich ergriffen von der Konzentration, mit der der Pater zelebrierte."[116]

¹⁰ Die Abfassung des Testaments (siehe Einleitung zu diesem Brief).

25   Das Geheimnis der „Auferstehung"

Der Brief vom 14. April 1952[117] stammt aus Teilhards zweitem Exil, das im Dezember 1951 begann, als es ihm gelang, von der Wenner-Gren-Stiftung in New York angestellt zu werden. Er berichtet darüber an seine Cousine Marguerite Teillard-Chambon am 4. Dezember 1951: „Wenn die amerikanischen Patres nichts einzuwenden haben (ich glaube nicht, daß sie das tun), würde die Geschichte von 1925 wieder beginnen – mit New York an Stelle von China. Nur bin ich siebzig Jahre alt ... Dennoch ist dies vielleicht einmal noch ein Wink der Vorsehung – und ein Feld, das sich auftut. Mir schweben drei Tätigkeitsgebiete an der Foundation vor: 1. an der Organisation der Forschungen nach dem fossilen Menschen (und der Abstammung des Menschen) arbeiten; 2. eine bisher unbekannte Art von Forschungen in Angriff nehmen (das ist schwieriger), die auf die wissenschaftliche Entdeckung und Überprüfung dessen ausgerichtet sind, was ich ein ‚Konvergieren' der Evolution beim Menschen auf sich selbst nenne; 3. meine Bemühung fortsetzen, die Christologie und das Christentum völlig privat noch einmal zu

denken im Hinblick auf eine Menschheit, die auf dem Weg
zu biologischem Konvergieren ist. Wie Du weißt, erscheint
mir, vom Gesichtspunkt einer guten Strategie aus, der
zweite Punkt im Augenblick entscheidend. Sich der Konvergenz des Menschen auf sich selbst bewußt zu werden scheint
mir ein so revolutionärer Schritt (für das ganze Denken und
die menschliche Aktivität), wie es einst das Bewußtsein gewesen sein mag, daß sich die Erde ,drehte' und daß es eine
biologische Entwicklung gäbe."[118]

Trotz dieser ihn voll auslastenden Aufgaben ist Teilhard
auch weiterhin für seine Freundinnen ganz Ohr: nicht nur
für die in New York weilenden wie Rhoda de Terra, Lucile
Swan oder auch Ida Treat, sondern auch für die in Frankreich zurückgebliebenen, vor allem für Jeanne Mortier, die,
wie es scheint, unter dem Abschied Teilhards von Paris lei-
det und woanders eine geistliche Zuflucht zu suchen
scheint: bei den „Kleinen Schwestern Jesu", die auf Pläne
Charles de Foucaulds (1858–1916) zurückgehen. Teilhard rät
zur Vorsicht. Er hat nicht den Eindruck, daß diese Gruppe
so von der Liebe zur evolutiven Welt geprägt ist wie Teilhard
selbst und wie – so hofft er – auch Jeanne Mortier. Insofern
wäre ein Anschluß an diese Gruppe ein spiritueller Rück-
schritt, es sei denn, Jeanne Mortier würde dort den Geist
Teilhards verbreiten.

Wie sehr sie das tun wird – nach Teilhards Tod durch die
Herausgabe und Betreuung seiner Werke –, ahnen zur Zeit
dieses Briefes weder Teilhard noch Jeanne Mortier.

[Wenner-Gren Foundation]
14 East 71 st Street
New York (21), N. Y.,
14. April 1952 [Ostermontag]

Liebe Freundin,

Danke für Ihren Brief vom Heiligen Dienstag[1], der hier
Samstag angekommen ist, gerade zum Vortrag des „großen
Festes"[2]. Ja, daß Christus uns helfe, das große Geheimnis
dieser „Auferstehung" zu verstehen und verständlich zu
machen, die für mich mehr und mehr den „formalen"
Aspekt einer Universalisation[3] annimmt (durch ihre An-
siedlung im Pol und Herzen der totalen kosmischen Konvergenz[4] ...).

Ich habe aufmerksam Ihren Entwurf des Briefs an P. V.[5]
gelesen. Was mich (unter anderem) hindert, Ihnen einen
brauchbaren Rat zu geben, ist, daß ich nicht nur den Geist
der Gruppe, sondern auch ihre Struktur kaum kenne. Gibt
es einfache „Mitglieder"? In welchem Maße ist das Leben gemeinsam? Wie werden Gehorsam und Armut verstanden?
usw. Ich verstehe vollkommen Ihr Angezogensein „von
Grund auf", was die Natur der Geste der „Hingabe" und der
„Entsagung" betrifft, die Sie anzieht. Aber trotzdem dürfte
man Sie nicht begraben, noch Sie lähmen, noch Sie irrefüh-
ren. Es handelt sich für Sie darum, ein „brennendes" Milieu
zu finden.

In den nächsten Sätzen, die Sie mir als Ausdruck der Gedanken des P. V. zitiert haben, finde ich dunkle Passagen
(weil sie das ganze Problem stehenlassen). „Der Geist der Armut besteht darin, alles zu lieben, wie Gott liebt." Aber das
ist doch das Problem: Wie liebt Gott die Welt? Gleichsam
als eine vollendete Sache, bei der es sich nur noch darum
handelt, aus ihr „fortschreitend" eine Art übernatürliches[6]
Wesen herauszuschälen? Oder ist sie nicht vielmehr ein
umfassender, noch im Gang befindlicher Prozeß, dessen

158

übernatürlich zu machendes Wesen noch in voller Reife und in voller Entwicklung ist? Ähnlich diese andere Passage: „Die Jungfräulichkeit läßt uns eine Stufe überspringen." Aber gerade in dem „evolutiven" Universum gibt es zwar *Treppen* und Beschleunigungen und Übergänge – dafür gibt es jedoch niemals übersprungene Stufen ...

Wahrscheinlich würde ein Gespräch mit P. V. zeigen, daß es sich nur um die Frage schlecht gewählter Worte handelt. Aber es könnten sich auch um grundsätzliche Zweideutigkeiten und Abweichungen handeln, im gegenwärtigen Fall. Achtung!

Alles in allem, ich sehe nicht die geringste Unpassendheit darin, daß Sie Ihren Brief an P. V. schicken (vorausgesetzt, daß Sie mich nicht auf die Ebene, sondern sehr demütig auf die Spuren des heiligen Paulus setzen!). Auf diese Weise werden Sie es nicht bedauern, wenn Sie sich Rechenschaft darüber geben, daß die Sache Ihnen (oder ihnen) nicht liegt. Und andererseits ist es möglich, daß Sie am Rande und in der Atmosphäre der Gruppe (wenn es „affiliierte" Mitglieder gibt, wie ich oben sagte) das Wesen dessen finden, was zu suchen Gott sie inspiriert. Ungeachtet dessen, daß Sie durch einen intimeren Kontakt mit einer besonders lebendigen und plastischen Familie des christlichen Lebens sich in die Lage versetzt sehen, die mystischen Ansichten, die Ihnen teuer sind, zu verbreiten (indem Sie sie gänzlich vervollständigen und klären). In dieser Angelegenheit muß Er Sie führen; Und Sie müssen Ihm Gelegenheiten geben, Sie zu „inspirieren". Natürlich bitte ich Ihn sehr, Sie in einer Angelegenheit zu führen, in der ich mich in gewisser Weise selbst ein wenig engagiert fühle.

Danke für Ihre (sehr interessanten) Texte über die Jungfrau [Maria]. Richaud[7] seinerseits hat mir den Artikel aus *Le Monde*[8] (29. März) über die „Malaise der französischen Katholiken" geschickt. Der Artikel geht nicht genau bis ins

„Herz des Problems"; aber er erscheint mir klar, respektvoll, ohne Bitterkeit – insgesamt geeignet: vor allem, wenn er den „Offiziellen" die Gefahr für die Kirche signalisiert, nicht mehr als Zeichen des Widersprechens angesehen zu werden (sondern als einfacher Faktor der Kraftlosigkeit und der Unbeweglichkeit: das habe ich hinzugefügt). Ich frage mich, wer wohl diese Seiten hätte schreiben können. Wäre dies nicht zufällig ein Produkt des heiligen Franz Xaver?[9]

Ich bin gerührt durch das Vorgehen von d'Ouince[10]. Nebenbei denke ich, daß *Le Phénomène humain*[11] zu Ende ist. Es gab davon letzten Juli noch ein halbes Dutzend am Institut der Humanpaläontologie[12].

Danke für alles, was Sie fortfahren zu tun. Und sehr treu immer Ihr
Teilhard[13]

<hr>

[1] Der *Dienstag* in der Heiligen Karwoche, der Gedenkwoche an das Leiden Christi, die dem Osterfest vorausgeht.

[2] Ostern. Teilhard hat das *Fest* der Auferstehung Christi besonders hochgeschätzt und sich gewünscht, an einem Ostertag zu sterben. Der Wunsch ging 1955 in Erfüllung.

[3] Für das ganze Universum gültig, das zur Auferstehung in das ewige Leben Gottes bestimmt ist.

[4] Christus der Auferstandene ist die Mitte und das Ziel der sich immer mehr vereinigenden (konvergierenden) Elemente der Welt.

[5] Pater *René Voillaume* war langjähriger Leiter der „Kleinen Brüder Jesu". Sein Einfluß erstreckte sich auch auf die „Kleinen Schwestern Jesu". Beide Gruppen leiten sich auf Entwürfe Charles de Foucaulds zurück, der das verborgene Leben Jesu während der dreißig Jahre in Nazaret als Lebensideal gewählt und als Einsiedler unter den nordafrikanischen Tuaregs gelebt hat.

[6] Nach traditioneller Lehre war der Mensch über die ihm als Geschöpf eigene Natur hinaus begnadet worden mit der Teilnahme an dem Leben Gottes, was des Menschen „*Übernatur*" ausmachte. Durch die Ursünde der Stammeltern im Paradies verlor die Menschheit, behaftet mit der Erbsünde (Erblast der Stammeltern), diese übernatürliche Gnade, die ihr erst durch Christi Erlösungsleiden wiedergeschenkt wurde. Für Teilhard gibt es diese verschiedenen Zu-Stände nicht statisch und nacheinander, sondern gleichzeitig und prozeßhaft: Die Menschheit ist auf dem Weg aus der „natürlichen" Vielheit und Entfremdung zur „übernatürlichen" Vereinigung mit

Gott, wobei dieser Weg sein Auf und Ab hat und ein Verfehlen des Zieles für den einzelnen und auch für Teile der Menschheit nicht ausgeschlossen werden kann. Die innere Dynamik dieser Entwicklung geht von Christus aus, der am Anfang und am Ende der Schöpfung steht (Punkt Alpha und Omega) und in ihr geheimnisvoll präsent ist.

[7] *François Richaud* gehörte mit Jean Piveteau und André George zu den Freunden Teilhards, die nach Jeanne Mortier für Teilhards Nachlaß testamentarisch verantwortlich sein sollten (siehe S. 152 f.).

[8] *Le Monde,* die renommierte Pariser Tageszeitung mit Weltgeltung.

[9] *Franz Xaver,* Gefährte des Ignatius von Loyola, des Gründers des Jesuitenordens, wurde der Apostel Indiens und Japans und Bahnbrecher der neuzeitlichen Heidenmission. Seine Briefe sind großartige Dokumente kühnen Glaubensgeistes.

[10] *René d'Ouince* (siehe S. 132, Anm. 5).

[11] *Le Phénomène humain* (siehe S. 131, Anm. 4).

[12] Ein *Institut* am Naturhistorischen Museum in Paris, an dem Teilhard 1912 sein Spezialstudium begonnen hatte.

[13] Juli bis Oktober 1953 unternimmt Teilhard in Begleitung von Rhoda de Terra seine zweite Reise nach Südafrika zur Koordinierung der Forschungen über die Entstehung des Menschen.

Juni bis August 1954 ist er noch einmal in Frankreich, gleichsam sein Abschiedsbesuch in der Heimat bei Marguerite Teillard-Chambon und in Paris bei Jeanne Mortier.

Am 10. April 1955, am Ostersonntag, stirbt er in New York an einer Herzattacke während des Nachmittagstees bei Rhoda de Terra.

Sein Grab befindet sich über hundert Kilometer von New York entfernt in Saint-Andrews-on-Hudson auf einem Ordensfriedhof der Jesuiten.

Statt eines Nachwortes

Die Huldigung

1950 zieht sich Pierre Teilhard de Chardin, neunundsechzigjährig, auf den Landsitz seines Bruders Joseph in der heimatlichen Auvergne zurück und schreibt an einem Rückblick auf sein, wie er meint, nun zu Ende gehendes Leben. Er beschließt diese autobiographische Skizze „Das Herz der Materie" mit einem Schlußkapitel („Clausule") unter der Überschrift „Das Weibliche oder das Einigende„[119]. Diese drei Druckseiten sind nach der Hymne an „Das Ewig-Weibliche" aus dem Jahre 1918 und dem Aufsatz „Die Evolution der Keuschheit" von 1934 (siehe S. 13–29) der dritte wichtige Text Teilhards über die Frauen.

Daß Teilhard es Frauen verdankt, wenn er zu sich selbst gefunden und seine einzigartige Aufgabe der Versöhnung von Wissenschaft und Glauben, von Geist und Materie, von Gott und Welt erkannt und sein Leben lang zu erfüllen versucht hat, das bringt er auf diesen Seiten unmißverständlich in Form einer ergreifenden Huldigung zum Ausdruck.

„Der Geschichte meiner inneren Schau, wie sie diese Seiten erzählen, würde ein wesentliches Element (eine Atmosphäre ...) fehlen, erzählte ich nicht zum Schluß: Von dem kritischen Moment an, wo ich viele der alten familiären und religiösen Muster zurückwies und anfing, zu mir selbst zu erwachen und mich selbst auszuformen, hat sich nichts in mir entwickelt, es sei denn unter dem Blick und unter dem Einfluß einer Frau. Man wird selbstverständlich von mir hier nichts anderes erwarten als eine allgemeine, gleichsam anbetende Huldigung, die aus den Tiefen meines Seins aufsteigt, denen gegenüber, deren Wärme und Liebenswürdigkeit Tropfen für Tropfen in das Blut meiner teuersten Ideen übergegangen sind."

Teilhard bekennt, daß er im Laufe seines Lebens „im
Kontakt mit den Tatsachen" eine doppelte Überzeugung gewonnen habe, von der er „mit der vollen Aufrichtigkeit
und Unparteilichkeit, die mit dem Alter kommen", Zeugnis ablegen möchte.

„Erstens scheint es mir indiskutabel ..., daß es für den Mann –
selbst wenn er sich noch so sehr dem Dienst einer Sache oder eines
Gottes geweiht hat – keinen anderen Zugang zur geistigen Reife
und Fülle gibt als durch einen gewissen ‚gefühlsmäßigen‘ Einfluß,
der seine Intelligenz sensibel macht und, wenigstens als Anstoß,
die Kräfte der Liebe weckt. Nicht mehr als auf Licht, Sauerstoff
oder Vitamine kann der Mann – kein Mann – auf das Weibliche
verzichten (was täglich offensichtlicher wird)."

Zweitens ist Teilhard davon überzeugt, daß die Beziehung zwischen Mann und Frau, so vielfältig und erfüllend
sie bisher auch gelebt worden ist, ihre letzten Möglichkeiten noch nicht erschöpft hat:

„Zwischen einer Ehe, sozial immer auf die Fortpflanzung eingestellt, und einer religiösen Vollkommenheit, theologisch immer
in Begriffen der Trennung vorgestellt, fehlt uns entschieden ein
dritter Weg (ich sage nicht ein mittlerer, sondern ein höherer): ein
Weg, erfordert durch die letzte revolutionäre Umwandlung, die in
unserem Denken durch die Veränderung des Geistbegriffes be-
wirkt worden ist. Geist, wie wir gesehen haben, nicht mehr der
Entmaterialisierung, sondern der Synthese. Materia matrix, mütterliche Materie. Nicht mehr Flucht (durch Einschränkung), sondern Kampf (durch Sublimierung) der unergründlichen, noch
schlafenden geistigen Kräfte durch die wechselseitige Anziehung
der Geschlechter: das sind, davon bin ich mehr und mehr überzeugt, die geheime Essenz und die großartige kommende Aufgabe
der Keuschheit."

Anmerkungen

[1] Zur Lebensgeschichte siehe: Günther Schiwy, Teilhard de Chardin. Sein Leben und seine Zeit, 2 Bände, München 1981. Eine Kurzfassung davon: Günther Schiwy, Teilhard de Chardin. Eine Biographie, München 1985.

[2] Vgl. dazu: Pierre Teilhard de Chardin, Das Tor in die Zukunft. Ausgewählte Texte zu Fragen der Zeit. Herausgegeben und erläutert von Günther Schiwy, München 1984. Ferner: Das Teilhard de Chardin Lesebuch, Olten – Freiburg i. Br. 1987. Zu „Teilhard und New-Age": Günther Schiwy, Der Geist des Neuen Zeitalters. New-Age-Spiritualität und Christentum, München 1987. Zu Teilhards Frömmigkeit: Pierre Teilhard de Chardins kosmische Gebete, Hildesheim 1986.

[3] Im Deutschen existieren zwei Fassungen dieses Textes: Pierre Teilhard de Chardin, Hymne an das Ewig Weibliche. Mit einem Kommentar von Henri de Lubac. Übertragen von Hans Urs von Balthasar, Einsiedeln 1968. Wir zitieren jedoch nach: Pierre Teilhard de Chardin, Das Ewig-Weibliche, in: Frühe Schriften, Freiburg – München 1968, S. 236, übersetzt von P. Thomas.

[4] Le Cœur de la Matière, in: Œuvres de Pierre Teilhard de Chardin, Bd. 13, Le Cœur de la Matière, Paris 1976, S. 20–91; Zitat S. 51 f., übersetzt von G. Schiwy.   [5] A. a. O. (Anm. 3), S. 243.

[6] Nach Claude Cuénot, Pierre Teilhard de Chardin. Leben und Werk. Übersetzt und bearbeitet von Karl Schmitz-Moormann, Olten 1966, S. 22.

[7] A. a. O. (Anm. 4), S. 28, übersetzt von G. Schiwy.

[8] A. a. O. (Anm. 3), S. 238.   [9] A. a. O. (Anm. 3: Frühe Schriften), S. 29 f.

[10] A. a. O. (Anm. 3), S. 242 f.

[11] Zitiert nach Schiwy, a. a. O. (Anm. 1), Bd. 2, S. 113.

[12] L'Evolution de la Chasteté, in: Œuvres de Pierre Teilhard de Chardin, Bd. 11, Les Direction de L'Avenir, Paris 1973, S. 66–92, Zitate übersetzt von G. Schiwy.

[13] A. a. O. (Anm. 4), S. 71–74; Zitate daraus am Schluß dieses Buches S. 162 f.

[14] Aus Pierre Teilhard de Chardin, Lettres d'Hastings et de Paris 1908–1914, Paris 1965, S. 328 f., übersetzt von G. Schiwy.

[15] A. a. O. (Anm. 3: Frühe Schriften), S. 78 f.

[16] Marguerite-Marie Teilhard de Chardin, Sieg über Krankheit und Leid, Freiburg 1961.

[17] Zitiert nach Schiwy, a..a. O. (Anm. 1), Bd. 1, S. 45 f.

[18] A. a. O. (Anm. 4), S. 71, übersetzt von G. Schiwy.

[19] Pierre Teilhard de Chardin, Briefe an Léontine Zanta, Freiburg i. Br. 1967, S. 65.

[20] Claude Aragonnès, Madeleine de Scudéry, Paris 1934, S. 154, 157, 222, 224, übersetzt von G. Schiwy. Der verbindende Text nach Günther Schiwy, Teilhard Bd. 1, S. 65 ff. (a. a. O., Anm. 1).

²¹ Claude Aragonnès, Marie d'Agoult. Romantik, Liebe und Leidenschaft um den jungen Liszt. Übersetzt von Lotte Leber, Stuttgart 1939, S. 61, 82 f.
²² Pierre Teilhard de Chardin, Entwurf und Entfaltung. Briefe aus den Jahren 1914–1919. Herausgegeben von Alice Teillard-Chambon und Max Henri Bégouën. Einleitung von Claude Aragonnès, Freiburg – München 1963, S. 25.
²³ Ebd.
²⁴ Pierre Teilhard de Chardin, Die menschliche Energie, in: Werke, Bd. VI, Olten – Freiburg i. Br. 1966, S. 139.
²⁵ A. a. O. (Anm. 22), S. 66–69.   ²⁶ Ebd., S. 69–71.
²⁷ A. a. O. (Anm. 3: Frühe Schriften), S. 33.   ²⁸ Ebd., S. 28 f.
²⁹ Teilhard de Chardin, Der Mensch im Kosmos (Le Phénomène humain), München 1959, S. 322.
³⁰ A. a. O. (Anm. 3: Frühe Schriften), S. 347.
³¹ A. a. O. (Anm. 22), S.125–128.
³² Teilhard de Chardin, Tagebücher I, Notizen und Entwürfe. 26. August 1915 bis 22. September 1916. Herausgegeben und übersetzt von Nicole und Karl Schmitz-Moormann, Olten – Freiburg i. Br. 1974, S.141 f.
³³ Ebd., S. 145.   ³⁴ Ebd., S. 143 f.
³⁵ Vgl. a. a. O. (Anm. 1), Bd. 1, S. 319–321.
³⁶ A. a. O. (Anm. 32), S. 144 f.
³⁷ Ebd., S. 143.   ³⁸ Ebd., S. 144.
³⁹ A. a. O. (Anm. 22), S. 340–342.   ⁴⁰ Ebd., S. 300 f.
⁴¹ A. a. O. (Anm. 32), S. 182.
⁴² Nach Günther Schiwy, Teilhard Bd. 1, S. 301 f. (a. a. O., Anm. 1).
^{42a} A. a. O. (Anm. 19), S. 56–59.
⁴³ Vgl. Teilhards Brief an Marguerite Teillard-Chambon vom 18. Juni 1923, in: Pierre Teilhard de Chardin, Geheimnis und Verheißung der Erde, Reisebriefe 1923–1939. Gesammelt und dargeboten von Claude Aragonnès, Freiburg–München 1961, S. 34, 38.
⁴⁴ Ebd., S. 35.
⁴⁵ Zitiert nach Günther Schiwy, Teilhard Bd. 1, S. 333, a. a. O. (Anm. 1).   ⁴⁶ A. a. O. (Anm. 3: Frühe Schriften), S. 251.
⁴⁷ Pierre Teilhard de Chardin, Lobgesang des Alls, übersetzt von Karl Schmitz-Moormann, Olten – Freiburg i. Br. 1964, S. 13.
⁴⁸ Vgl. a. a. O. (Anm. 1), Bd. 2, die im Register genannten Stellen zu Le Roy.   ⁴⁹ A. a. O. (Anm. 19), S. 63–66.   ⁵⁰ A. a. O. (Anm. 43), S. 71.
⁵¹ A. a. O. (Anm. 19), S. 73–75.
⁵² Vgl. zu der Affäre im einzelnen a. a. O. (Anm. 1), Bd. 2, „Der Streit um das Paradies" und „Trost und Versuchung der Freunde" (S. 48–70).
⁵³ A. a. O. (Anm. 19), S. 106–109.
⁵⁴ Vgl. a. a. O. (Anm. 1), Bd. 2, S. 160, 116–135.
⁵⁵ Ebd., S. 161.   ⁵⁶ Ebd., S. 111 f.
⁵⁷ In: Teilhard de Chardin, Die Schau in die Vergangenheit, Olten – Freiburg i. Br. 1965, S. 255–265.   ⁵⁸ A. a. O. (Anm. 43), S. 205.

[59] In: A.-G. Sertillanges, L'âme et l'univers, Paris 1965, S. 16f.

[60] A.a.O. (Anm. 1), Bd. 2, S. 158f. [61] Ebd., S. 67f.

[62] Pierre Teilhard de Chardin, Briefe an eine Marxistin, Olten – Freiburg i.Br. 1971, S. 40–43.

[63] A.a.O. (Anm. 19), S. 77. [64] A.a.O. (Anm. 43), S. 96f.

[65] A.a.O. (Anm. 62), S. 57–60.

[66] Pierre Teilhard de Chardin, Der Göttliche Bereich. Ein Entwurf des inneren Lebens, Olten – Freiburg i.Br. 1962, S. 15.

[67] A.a.O. (Anm. 1), Bd. 2, S. 77f. [68] A.a.O. (Anm.), S. 63–64.

[69] Deutsch a.a.O. (Anm. 47), S. 71–92.

[70] Zu den Zitaten und zur Wertung der Schrift siehe a.a.O. (Anm. 1), Bd. 1, S. 306–312.

[71] A.a.O. (Anm. 62), S. 77–80. [72] A.a.O. (Anm. 43), S. 112.

[73] A.a.O. (Anm. 1), Bd. 2, S. 105.

[74] A.a.O. (Anm. 62), S. 106–107.

[75] A.a.O. (Anm. 62), S. 112–114.

[76] A.a.O. (Anm. 43), S. 199.

[77] A.a.O. (Anm. 62), S. 159.

[78] Helmut de Terra, Mein Weg mit Teilhard de Chardin, München 1962, S. 21f.

[79] Ebd., S. 65.

[80] A.a.O. (Anm. 24), S. 98. [81] A.a.O. (Anm. 78), S. 85.

[82] Pierre Teilhard de Chardin, Briefe an eine Nichtchristin, Olten – Freiburg i.Br. 1971, S. 16–18.

[83] Ebd., S. 15–16. [84] A.a.O. (Anm. 82), S. 60–62.

[85] In: Pierre Teilhard de Chardin, Die Zukunft des Menschen, Werke, Bd. V, Olten – Freiburg i.Br. 1963, S. 87–111.

[86] Pierre Teilhard de Chardin, Pilger der Zukunft, Neue Reisebriefe 1939–1955, Freiburg – München 1962, S. 47f.

[87] In: Pierre Teilhard de Chardin, L'activation de l'énergie, Werke, Bd. 7, Paris 1963, S. 65–81.

[88] A.a.O. (Anm. 86), S. 66. [89] A.a.O. (Anm. 82), S. 111–113.

[90] A.a.O. (Anm. 86), S. 86f.

[91] A.a.O. (Anm. 82), S. 133. [92] A.a.O. (Anm. 82), S. 103.

[93] Unsere Einleitung fußt auf dem Vorwort zu dieser Ausgabe: Pierre Teilhard de Chardin, Lettres à Jeanne Mortier, Paris 1984, S. 7f.

[93a] Diese Formulierung findet sich schon in einem Schreiben Teilhards vom 13. November 1924 an seinen Freund Auguste Valensin, nachdem eines seiner Papiere über die Erbsünde nach Rom gelangt war und ihm die Note „Häresie oder Faselei" gegeben worden war. „Ich soll schriftlich versprechen, niemals mehr etwas gegen die traditionelle Ansicht der Kirche über die Erbsünde zu *sagen* oder zu schreiben. Das ist jedoch gleichzeitig zu vage und zu absolut. Wie ich Costa [dem für Teilhard zuständigen Jesuiten-Provinzial von Lyon] geantwortet habe, glaube ich mich in meinem Gewissen verpflichtet, mir vorzubehalten: 1. das Recht zu forschen (zu-

sammen mit den Fachleuten) *(ex iure naturali)* [kraft Naturrechts]; 2. das Recht der Hilfestellung (gegenüber den Beunruhigten und den Ratlosen) *(ex iure sacerdotali) [kraft priesterlichen Rechts]."* Teilhard bringt gegenüber den disziplinären, nur kirchenrechtlichen Maßnahmen seine Grundrechte zur Geltung: das der menschlichen Natur innewohnende Recht auf Wahrheitssuche und das den Priester verpflichtende Recht auf Seelsorge. (Vgl. a. a. O., Anm. 1, Bd. 2, S. 48: „Der Streit um das Paradies")

[94] A. a. O. (Anm. 93), S. 15, übersetzt von G. Schiwy.

[95] Ebd., S. 36–38, übersetzt von G. Schiwy.

[96] Comment je vois, in: Bd. 11 der französischen Werkausgabe, a. a. O. (Anm. 12), S. 177–223.

[97] A. a. O. (Anm. 12), S. 147–160.

[98] Pierre Leroy, Lettres familières de Pierre Teilhard de Chardin, mon ami, 1948–1955, Paris 1976, S. 33.

[99] A. a. O. (Anm. 62), S. 133.

[100] A. a O. (Anm. 4), S. 201–221.

[101] Sie berichtet selbst darüber: a. a. O. (Anm. 93), S. 13.

[102] A. a. O. (Anm. 93), S. 68 f., übersetzt von G. Schiwy.

[103] Nach Neuner – Roos, Der Glaube der Kirche in den Urkunden der Lehrverkündigung, Regensburg 1961, S. 135.

[104] Ebd., S. 209.   [105] A. a. O. (Anm. 3), S. 245 f.

[106] A. a. O. (Anm. 103), S. 319.

[107] Nach: Die Heilige Schrift in deutscher Übersetzung, Würzburg 1955, S. 22.

[108] A. a. O. (Anm. 103), S. 208.   [109] A. a. O. (Anm. 19), S. 80 f.

[110] A. a. O. (Anm. 93), S. 78–80, übersetzt von G. Schiwy.

[111] A. a. O. (Anm. 86), S. 94 f.

[112] A. a. O. (Anm. 93), S. 77, übersetzt von G. Schiwy.

[113] In: Pierre Teilhard de Chardin, Die Lebendige Macht der Evolution, Werke, Bd. VII, Olten – Freiburg i. Br. 1967, S. 158–174.

[114] A. a. O. (Anm. 86), S. 97.   [115] A. a. O. (Anm. 12), S. 161–175.

[116] A. a. O. (Anm. 93), S. 12, übersetzt von G. Schiwy.

[117] A. a. O. (Anm. 93), S. 94–96, übersetzt von G. Schiwy.

[118] A. a. O. (Anm. 86), S. 115 f.   [119] A. a. O. (Anm. 4), S. 71–74.